CARLO MARIA MARTINI
DU RUFST MICH BEIM NAMEN

CARLO MARIA MARTINI

DU RUFST MICH BEIM NAMEN

Sechs Wege zum Glauben

Maximilian Kolbe
Therese von Lisieux
Charles de Foucauld
Simone Weil
Giorgio La Pira
Robert und Christina

VERLAG NEUE STADT
MÜNCHEN ZÜRICH WIEN

Originaltitel: „*Mi fu rivolta la Parola . . .*“

Übersetzung aus dem Italienischen: Hermann J. Benning

CIP-Kurztitelaufnahme der Deutschen Bibliothek

Martini, Carlo M.

Du rufst mich beim Namen : 6 Wege
zum Glauben / Carlo Maria Martini.
[Übers. aus d. Ital.: Hermann J. Benning].
– 1. Aufl. – München; Zürich; Wien:
Verlag Neue Stadt, 1984.
(Spiritualität; Bd. 42: Hilfen zum christl. Leben)
Einheitssacht.: Mi fu rivolta la parola . . . ⟨dt.⟩
ISBN 3-87996-161-1

NE: GT

1984, 1. Auflage

Umschlaggestaltung: Josef Schaaf
Umschlaggraphik: Marc Chagall, Der brennende Dornbusch (Ausschnitt)

Gesamtherstellung: Brönner & Daentler KG, Eichstätt
ISBN 3-87996-161-1

Vorwort

Wenn Kardinal Martini einlädt, dann ist der Mailänder Dom bis auf den letzten Platz gefüllt – vor allem mit jungen Menschen. Wer ihn kennengelernt hat – durch seine zahlreichen Veröffentlichungen oder vielleicht sogar persönlich –, der weiß warum: Da spricht nicht nur ein führender Mann der Kirche, eine charismatische Persönlichkeit, ein herausragender Exeget unserer Tage, da wird Glaube zum Ereignis, zur persönlichen Erfahrung, die trägt, die ermutigt, die Kraft gibt, an der man sich aufrichten kann.

Die Ausstrahlung und Überzeugungskraft des Mailänder Kardinals beruhen auf seiner umfassenden Kenntnis der Heiligen Schrift, die gepaart geht mit echter Weisheit, mit einer tiefen Glaubenserfahrung in der Nachfolge des Ignatius von Loyola und mit einem fundierten Wissen über die Situation des Menschen – insbesondere des Glaubenden – in der heutigen Zeit: Er trifft den Kern der Dinge und das Herz der Menschen.

In diesem neuen Buch des Erzbischofs von Mailand, eine Dokumentation der Begegnungen im Dom im Zeitraum vom November 1982 bis zum Juni 1983, steht die Frage im Mittelpunkt, wie man als Christ im Alltag leben kann. Anhand von persönlichen Zeugnissen zeigt Kardinal Martini verschiedene Wege zum Glauben auf und stellt sie in den Zusammenhang mit Erfahrungen, die uns in den Texten der Heiligen Schrift überliefert sind: die Berufung zur Liebe bis zur Hingabe des Lebens für die anderen, wie sie

Maximilian Kolbe bezeugt hat; die Treue zum Glauben im Schatten innerer Prüfungen der heiligen Therese von Lisieux; die Bekehrung und Gotteserfahrung Charles de Foucaulds in der Nachfolge des verborgenen Lebens Jesu; das unermüdliche und leidenschaftliche Suchen der Wahrheit einer Simone Weil; christliches Engagement im öffentlichen Leben am Beispiel Giorgio La Piras, des früheren Bürgermeisters von Florenz; das Reifen hin zur Entscheidung für den gemeinsamen Weg in der Ehe eines jungen Verlobtenpaares.

Die Ausführungen werden jeweils mit einer kurzen Biographie, mit lebendigen Zeugnissen der einzelnen und mit ausgewählten Schriftlesungen eingeführt. Der Leser dieses Buches wird hineingenommen in die Ursprünglichkeit und Unmittelbarkeit der Begegnungen im Mailänder Dom.

Es geht weniger um ein Panorama christlicher Lebensstile, vielmehr um eine Hinführung in jene Erfahrung des geistlichen Lebens und der Nähe Gottes, in der persönliche Entscheidungen reifen und vollzogen werden können. Wer sich dieser Frage nach dem Weg, auf den Gott ihn führen möchte, aufrichtig stellt und ihr im eigenen Leben Raum gibt, im Gebet sowie im konkreten Handeln, der wird in diesem Buch wertvolle Anregungen finden.

Hermann J. Benning

Einführung

„Auch einige Griechen waren anwesend – sie gehörten zu den Pilgern, die beim Fest Gott anbeten wollten. Sie traten an Philippus heran, der aus Betsaida in Galiläa stammte, und sagten zu ihm: Herr, wir möchten Jesus sehen. Philippus ging und sagte es Andreas; Andreas und Philippus gingen und sagten es Jesus. Jesus aber antwortete ihnen: Die Stunde ist gekommen, daß der Menschensohn verherrlicht wird. Amen, amen, ich sage euch: Wenn das Weizenkorn nicht in die Erde fällt und stirbt, bleibt es allein; wenn es aber stirbt, bringt es reiche Frucht. Wer an seinem Leben hängt, verliert es; wer aber sein Leben in dieser Welt gering achtet, wird es bewahren bis ins ewige Leben. Wenn einer mir dienen will, folge er mir nach; und wo ich bin, dort wird auch mein Diener sein. Wenn einer mir dient, wird der Vater ihn ehren.

Jetzt ist meine Seele erschüttert. Was soll ich sagen: Vater, rette mich aus dieser Stunde? Aber deshalb bin ich in diese Stunde gekommen. Vater, verherrliche deinen Namen! Da kam eine Stimme vom Himmel: Ich habe ihn schon verherrlicht und werde ihn wieder verherrlichen. Die Menge, die dabeistand und das hörte, sagte: Es hat gedonnert. Andere sagten: Ein Engel hat zu ihm geredet. Jesus antwortete und sagte: Nicht mir galt diese Stimme, sondern euch. Jetzt wird Gericht gehalten über diese Welt; jetzt wird der Herrscher dieser Welt hinausgeworfen werden. Und ich, wenn ich über die Erde erhöht bin, werde alle zu mir ziehen. Das sagte er, um anzudeuten, auf welche Weise er sterben werde“ (Joh 12,20–33).

Im Mittelpunkt unserer Lesung und Betrachtung steht das Wort Jesu: „Ich werde alle zu mir ziehen“ (Joh 12,32). – Im *Wort Gottes,* in der *Eucharistie* und in der Frage nach der *Berufung* berühren wir drei Grundelemente christlicher Erfahrung, die wir in ihren wechselseitigen Beziehungen erschließen und tiefer verstehen wollen. Das Wort Gottes, die Eucharistie und der Lebensweg eines jeden von uns bilden eine Einheit, und diese Wirklichkeit wollen wir entdecken.

Wir werden von der nächsten Begegnung ab einige Vorbilder verschiedener Berufungen betrachten, Menschen, die uns das Zeugnis eines gelungenen und erfüllten Lebens geben. Männer und Frauen, die uns helfen können, unser eigenes Leben in einem neuen Licht zu sehen. Zur Betrachtung ihrer Erfahrungen werden wir auf Abschnitte aus der Heiligen Schrift zurückgreifen. Im Hintergrund steht dabei immer die Gegenwart Jesu in der Eucharistie, die jedes Leben an sich zieht.

Als Ausgangspunkt für diese einführende Betrachtung wählen wir das zwölfte Kapitel aus dem Johannesevangelium, wo es heißt: „Jetzt wird Gericht gehalten über diese Welt; jetzt wird der Herrscher dieser Welt hinausgeworfen werden. Und ich, wenn ich über die Erde erhöht bin, werde alle zu mir ziehen“ (Joh 12,31f). Der berühmteste Interpret dieses Abschnitts aus dem Evangelium ist Sören Kierkegaard. In einem Buch, das er im Jahre 1850 unter dem Titel „Einübung im Christentum“ veröffentlichte, widmete er allein sieben Betrachtungen diesem Wort Jesu:

„Ich werde alle zu mir ziehen." Im folgenden das Gebet, mit dem er sie einführt:

„Herr Jesus Christus, so vieles will uns fernhalten von dir: leere Beschäftigungen, nichtssagende Freuden, unnütze Sorgen; so vieles will uns zurückschrecken: Stolz, der zu feige ist, sich helfen zu lassen; Kleinmut, der sich zum eigenen Verderben zurückzieht; Angst vor der Sünde, die die Reinheit des Heiligen scheut wie die Krankheit das Heilmittel. Du aber bist stärker: Zieh uns – und zieh uns noch stärker zu dir! Wir nennen dich unseren Heiland und Erlöser, denn du kamst in die Welt, um uns von den Fesseln zu lösen, worin wir gebunden waren oder worin wir uns selbst gebunden hatten, du kamst in die Welt, um den Erlösten das Heil zu bringen. Dies war das Werk, das du vollbracht hast und das du bis ans Ende der Tage vollbringen willst, wie du selbst gesagt hast: Von der Erde erhöht, willst du alle zu dir ziehen."

Das Gebet Kierkegaards ist zutiefst befreiend, denn es hebt hervor, daß es Jesus selbst ist, der uns zu sich zieht; er ist es, der uns angezogen hat; er offenbart jedem von uns das Geheimnis Gottes, das in seinen Worten verborgen ist. Einzig und allein dieses Geheimnis möchte ich aufleuchten lassen.

Die Worte Jesu

Die Worte gehören zu den letzten, die Jesus in seinem öffentlichen Leben gesprochen hat. (Die folgenden Worte sind nur an seine Freunde gerichtet in der familiären Atmosphäre des Letzten Abendmahls.) Sie gehören in einen größeren Zusammenhang, der über das zwölfte Kapitel des Johannesevangeliums hinausreicht: Da ist die Menge, die vor die Tore Jerusalems tritt und Jesus mit Palmzweigen entgegengeht. Bei der Gelegenheit bitten einige Griechen den Philippus, er solle ihnen Jesus zeigen. Als der Herr davon erfährt, antwortet er mit dem geheimnisvollen Wort: „Wenn das Weizenkorn nicht in die Erde fällt und stirbt, bleibt es allein" (Vers 24). Im folgenden berichtet das Evangelium, daß Jesus in seiner Seele zutiefst erschüttert ist, und fast möchte er den Vater bitten, ihn aus dieser Stunde zu befreien. Er ist am Ende, doch er fügt hinzu: „Aber deshalb bin ich in diese Stunde gekommen . . . Vater, verherrliche deinen Namen!" Darauf folgt eine geheimnisvolle Stimme, die das bestätigt; und Jesus ruft aus: Das Urteil gegen diese Ordnung der Dinge und ihren Beherrscher ist bereits gefällt. Ja, ich werde, wenn ich über die Erde erhöht bin, alle zu mir ziehen.

„Diese Ordnung der Dinge"

Was meint Johannes mit dem Ausdruck „diese Ordnung der Dinge", der in der deutschen Übersetzung mit dem Begriff *„diese Welt"* wiedergegeben ist? – Gemeint ist die herrschende Ordnung in ihrer negativen Gestalt: die Strukturen und Abhängigkeiten, die auf dem Leben jedes einzelnen lasten, auf dem Leben kleiner Gemeinschaften wie auf dem der ganzen Gesellschaft. Man könnte es – im negativen Wortsinn – auch „die herrschende Kultur" nennen: die Gesamtheit von Phänomenen und Zeichen der Zeit, die Anlaß geben zur Traurigkeit und Gleichgültigkeit; die Gesamtheit von Sachzwängen, die dazu führen, daß die

Eigeninteressen über das Gemeinwohl gestellt werden; die Gesamtheit von Kräften, die der Resignation Nahrung geben, selbst im Hinblick auf reale Möglichkeiten zum Frieden und zur Versöhnung. Gemeint sind die negativen Kräfte, die tiefe Wurzeln in uns haben und jedes positive, brüderliche und Vertrauen schaffende Wirken im Keime zu ersticken drohen. Sie sind deshalb gleichbedeutend mit dem ganzen Komplex zerstörerischer und zur Vereinsamung führender Tendenzen, die oft die Maske des Harmlosen und Leichtfertigen annehmen, hinter der sich aber in Wirklichkeit Gefühlskälte, mangelnde Anteilnahme, Egoismus und all das verbirgt, was die Werte der Liebe im einzelnen und in der Welt bedroht.

Diese Ordnung der zerstörerischen Kräfte wird beherrscht vom Fürsten dieser Welt. Jesus möchte uns damit etwas sagen, was schwer zu erklären ist und was wir vielleicht mit „Intelligenz des Bösen" umschreiben können.

Das Böse in der Welt ist nicht einfach die Summe der menschlichen Dummheiten und Unaufmerksamkeiten. Es gibt sichtbare Zeichen des Verfalls, die manchmal an die Hölle erinnern. Denken wir an die Vernichtungslager, an die Folterungen, an den Tod, der in Grenzfällen – bei Drogenabhängigkeit etwa – zur schicksalhaften Selbstzerstörung wird. Es mögen Grenzfälle sein, in ihnen offenbart sich aber eine klar umrissene Intelligenz des Bösen, die zu einer wirklichen, zerstörerischen Absurdität führt.

„Das Urteil ist bereits gefällt"

Der Urteilsspruch, der diese Ordnung bloßlegt, tritt in Kraft mit dem Sterben Christi. Jesus zeigt uns am Kreuz, daß die Summe dieser Tendenzen des Egoismus, daß die Suche nach dem eigenen, persönlichen Wohlergehen auf Kosten der anderen und zu Lasten des Gemeinwohls, daß all diese negativen Kräfte in ihrer Konsequenz zur Tötung des Gerechten führen, zum Tod des Wehrlosen, zur Verletzung des menschlichen Körpers und des gesellschaftlichen Organismus. Wir sind mitverantwortlich für diese Zerstörung. Das sagt uns das Kreuz, das wir verehren. – Durch diesen Urteilsspruch vollzieht sich nicht nur eine Demaskierung: Das Kreuz Jesu zeigt auch die Niederlage dieser „herrschenden Kultur“ an.

„Wenn ich über die Erde erhöht bin“

Worin besteht der Zusammenhang zwischen dem Urteilsspruch und dem Erhöhtsein Jesu? „Erhöhtsein“ ist ein geheimnisvolles Wort; für sich allein betrachtet, könnte es auf die Inthronisierung eines Königs hindeuten: ein Herrscher, der mit Waffengewalt öffentlich gegen das Böse zu Felde zieht. Darin liegt seit jeher die Versuchung eines politischen Messianismus, dem wir häufig begegnen. Jesus stellt eine solche Auffassung bloß mit seinen eigenen Worten: für ihn ist das Erhöhtsein über die Erde die höchste Schmach, der Tod am Kreuz.

Wie kann eine solche Erniedrigung die gegenwärtige Ordnung, die auf dem Egoismus gründet, überwinden? Diese Frage führt uns zum zentralen Geheimnis unseres Glaubens. – Die Überwindung geschieht, *indem Jesus die Welt zu sich zieht.* Jesus, der aus Liebe am Kreuz stirbt, zieht jeden Menschen, die Welt und die Geschichte an sich: „Ich werde alle zu mir ziehen.“ Die Anziehung des Kreuzes hat nicht den Aspekt des Schreckens oder des Makabren. Der Tod ist und bleibt etwas, wogegen man sich auflehnt; doch dieser Tod weist auf den Augenblick des Osterfestes, er ist wahrer Ausdruck einer befreienden Liebe, einer Liebe bis zum Äußersten. Hier kann man ein wenig von der grenzenlosen Leidenschaft Gottes für den Menschen erahnen, seine Aufopferung, sein Eintreten ohne Vorbehalte, seine Hingabe für mich und für dich, das Geschenk seiner selbst für jeden von uns: sein Sich-Schenken, das wir in der Eucharistie erfahren.

Das Kreuz ist Ausdruck der vorbehaltlosen Leidenschaft Gottes für mich und für mein Leben; es erreicht mich in der Eucharistie durch die geheimnisvolle Kraft des Heiligen Geistes, die von dem verstorbenen und auferstandenen Jesus ausgeht. Es ist eine Kraft, die fähig ist, die Welt zu verwandeln, weil sie die verborgenen Kräfte des Gewissens in Bewegung versetzt, die Dynamik unserer Wünsche; jeder von uns ist nämlich unbegrenzt in seinem Wünschen. Wenn diese dynamische Kraft in der richtigen Weise eingesetzt wird, kann sie ihre Wirkung voll entfalten in der Selbstverwirklichung des Menschen: und darin besteht die Berufung des Christen.

Die Berufung des Christen

Um richtig verstehen zu können, wer wir sind, müssen wir das Kreuz betrachten, die Eucharistie, das heißt Jesus, der alle zu sich zieht. Er ordnet die Gesamtheit unserer Wünsche, indem er sie nach und nach aufkommen läßt. Er weckt in uns alle Kräfte der Hingabe, bis wir erkennen, wozu wir geschaffen sind, bis wir entdekken, daß das Leben eine Antwort ist auf einen Ruf Gottes, ein Dienst.

Wir sind also eingeladen, das Kreuz zu betrachten und Christus Jesus zu danken, der uns mit seiner leidenschaftlichen und unendlichen Liebe an sich gezogen hat. Fragen wir uns, was wir überwinden müssen, was sich dieser Anziehung durch Jesus in der Eucharistie widersetzt, was uns schwerfällt und uns blockiert, was unsere Wünsche nicht in der richtigen Weise zur vollen Entfaltung kommen läßt. Denn nur so können wir die Anziehung Jesu erfahren als etwas, das uns betrifft und uns in unwiderstehlicher Weise zu Gott hinzieht. Bitten wir den Herrn, daß wir uns von der Eucharistie umwandeln lassen, damit wir erkennen, wozu er uns ruft.

Dabei können uns jene Worte helfen, mit denen Kierkegaard seine Betrachtungen über das Wort Jesu „Ich werde alle zu mir ziehen“ abschließt:

„Dich aber, Herr Jesus Christus, wollen wir bitten, daß du uns ganz zu dir ziehst. Ob unser Leben ruhig dahingleiten wird, in der Hütte am stillen See, oder ob wir im Kampf mit den Stürmen des Lebens auf dem aufgewühlten Meer geprüft werden, ob wir „im stillen Leben Ehre suchen“ (vgl. 1 Thess 4,11) oder streitend, in Erniedrigung: Zieh uns ganz zu dir.

Wir bitten für alle. Für das zarte Kindlein, das die Eltern zu dir geleiten, damit du es zu dir ziehst. Wir bitten für die, welche – wie die meisten von uns – den Bund mit dir erneuert und auch wieder gebrochen haben. Wir bitten für die, welche es erlebt haben, was diesem Leben seine schönste Bedeutung gibt, für die, welche einander in Liebe fanden; wir bitten für die Liebenden, daß sie einander nicht mehr geloben, als sie halten können. Wir bitten für den

Mann. Wir bitten für die Frau. Wir bitten für den Greis am Abend seines Lebens.

Wir bitten für alle. Wir bitten für den Frohen und Glücklichen. Wir bitten für den Leidenden, der nicht weiß, wohin er sich in seiner Not wenden soll, daß du ihn zu dir ziehen wollest. Wir bitten für die, denen Umkehr not ist, daß du sie ziehen wollest auf den Weg der Wahrheit; für die, welche sich zu dir gewendet und den Weg gefunden haben, bitten wir, daß sie auf diesem Wege fortschreiten mögen.

So bitten wir für alle – wer vermag die ganze Vielfalt aufzuzählen? Deshalb nennen wir nur noch ein Anliegen: Wir bitten für die, welche Diener des Wortes sind und deren Aufgabe es ist, die Menschen zu dir zu ziehen, soweit dies ein Mensch vermag: Wir bitten darum, daß du ihr Werk segnen mögest, aber daß auch sie selbst in ihrem Werk zu dir gezogen werden, damit sie, in ihrem Eifer, andere zu dir zu ziehen, nicht selbst auf dem Weg zu dir irre gehen. Und wir bitten für die einfachen Christen, daß sie nicht so gering von sich denken mögen, als wäre es nicht auch ihre Aufgabe, andere zu dir zu ziehen, soweit dies Menschen vermögen; denn du allein kannst Menschen zu dir ziehen, wenn du auch alles und alle dafür gebrauchen willst.“

Berufen zur Liebe bis zur Hingabe des Lebens

MAXIMILIAN KOLBE

Raimund Kolbe wurde am 7. Januar 1894 in dem polnischen Dorf Zduńska Wola in der Nähe von Lódź geboren. Im Alter von elf Jahren trat er ins Internat der Franziskaner in Lemberg ein und begann im Jahre 1910 das Noviziat unter dem Ordensnamen Maximilian. Nach seiner Profeß wurde er nach Rom entsandt in das internationale Kolleg des Ordens, um die Studien an der Päpstlichen Universität Gregoriana fortzusetzen.

Im Jahre 1918 wurde Maximilian Kolbe zum Priester geweiht. Ein Jahr zuvor hatte er einer Gruppe von Mitbrüdern sein Anliegen mitgeteilt, ein Werk ins Leben zu rufen, das der Glaubensverbreitung – vor allem im Fernen Osten – mit modernen Mitteln des Apostolats dienen sollte: die *Militia Immaculatae.* Die kirchliche Approbation datiert aus dem Jahre 1922, als Pater Maximilian bereits wieder nach Polen zurückgekehrt war. Hier rief er die Monatszeitschrift *Rycerza Niepokalanej* (Ritter der Immaculata) ins Leben, die 1933 eine Auflage von einer Million Exemplaren erreichte.

Im Jahre 1927 gründete er die *Niepokalanów* (Stadt der Immaculata), ein Zentrum geistlichen Lebens und verschiedener Formen des Apostolats. 1930 wurde er nach Japan entsandt: Dort entstand die zweite Stadt der Immaculata: *Mugenzai no Sono.* Als er endgültig nach Polen zurückkehrte, widmete er sich ganz dem Apostolat.

Am 19. September 1939 wurde er gemeinsam mit seinen Mitbrüdern von der Gestapo festgenommen und zuerst nach Lamsdorf (Deutschland) und darauf in das Lager von Amtlitz deportiert. Nach etwa drei Monaten wurde ihm die Erlaubnis erteilt, nach Niepokalanów zurückzukehren, wo er seine Aktivitäten wieder aufnahm.

1941 wurde er mit vier anderen Mitbrüdern erneut von der Gestapo verhaftet und in das Warschauer Pawiak-Gefängnis eingeliefert, wo er länger als die anderen blieb, da er an einer Lungenentzündung erkrankt war. Am 28. Mai wurde er nach Auschwitz (Oswiecim) deportiert und zusammen mit anderen Priestern in den Block 17 eingewiesen für Schwerarbeiten. Wenig später kam er in den Block der Arbeitsunfähigen, da er von den ständigen Fieberwellen völlig erschöpft war, und schließlich in den Block 14, wo diejenigen untergebracht waren, die mit leichteren Arbeiten beschäftigt wurden. An einem Juliabend gelang es einem Häftling, aus diesem Block zu entfliehen. Da der Flüchtling nicht aufgegriffen wurde, wählte man zehn Gefangene aus, die hingerichtet werden sollten, wie es im Lager üblich war. Unter ihnen war ein gewisser Franz Gajowniczek, der in seiner Verzweiflung immer wieder die Namen seiner Frau und seiner Kinder wiederholte. Pater Kolbe trat aus der Reihe und sprach den Lagerkommandanten an: „Ich bin ein katholischer polnischer Priester; ich möchte an die Stelle dieses Mannes treten, denn er hat Frau und Kinder.“ Dieser Austausch wurde genehmigt, und Pater Maximilian wurde mit den anderen neun Häftlingen in den Todesbunker eingeschlossen, in dem sie den Hungertod starben.

Am 14. August 1941, dem Vortag des Festes der Aufnahme Mariens in den Himmel, betrat ein Krankenpfleger den Bunker, um mit einer tödlichen Injektion dem Leben der vier Häftlinge, die den Hunger überlebt hatten, ein Ende zu setzen. Pater Kolbe war der letzte der zehn: Nach der Aussage eines Häftlings, der beauftragt war, die Leichen fortzuschaffen, und der Auschwitz überlebte, hielt er mit einem gelösten und strahlenden Gesicht seinen Arm hin. Sein Leichnam wurde – wie die der anderen Toten – im Krematorium eingeäschert.

Aus den Schriften von Maximilian Kolbe

„Maria Immaculata: die Unbefleckt Empfangene ist unser Ideal. – Nähern wir uns ihr, werden wir ihr ähnlich. Lassen wir sie Besitz ergreifen von unserem Herzen und von unserem ganzen Sein, damit sie in uns leben und wirken kann, damit sie durch uns und mit unserem Herzen Gott liebe; denn wir gehören ihr ganz und gar: Sie ist unser Ideal.

Setzen wir uns in unserer Umgebung ein, gewinnen wir Menschen für sie, damit sich auch die Herzen unserer Nachbarn für sie öffnen, damit sie in den Herzen aller Menschen regieren kann, die in irgendeinem Winkel der Erde wohnen, ohne Unterschied der Rasse, Nationalität und Sprache, ebenso in den Herzen aller, die in irgendeinem Augenblick der Geschichte leben werden, bis hin zum Ende der Zeiten: Sie ist unser Ideal."

„Gott vermag alles, und er schenkt sich gern der Seele, die sich ihm geweiht hat. Zwischen Gott und der Seele entsteht eine Beziehung gegenseitiger Liebe. Welch ein unsagbares Glück, welch eine große Gnade ist es, das eigene Ideal mit dem Leben besiegeln zu können! Kann ich euch etwas Besseres wünschen? Ich kenne nichts Tieferes als dieses Wort Jesu: ‚Es gibt keine größere Liebe, als wenn einer sein Leben für seine Freunde hingibt' (Joh 15,13)."

SCHRIFTLESUNG

„Das ist mein Gebot: Liebt einander, so wie ich euch geliebt habe. Es gibt keine größere Liebe, als wenn einer sein Leben für seine Freunde hingibt. Ihr seid meine Freunde, wenn ihr tut, was ich euch auftrage. Ich nenne euch nicht mehr Knechte; denn der Knecht weiß nicht, was sein Herr tut. Vielmehr habe ich euch Freunde genannt, denn ich habe euch alles mitgeteilt, was ich von meinem Vater gehört habe. Nicht ihr habt mich erwählt, sondern ich habe euch erwählt und dazu bestimmt, daß ihr euch aufmacht und Frucht bringt und daß eure Frucht bleibt. Dann wird euch der Vater alles geben, um was ihr ihn in meinem Namen bittet. Dies trage ich euch auf: Liebt einander!" (Joh 15,12–17).

„Daran haben wir die Liebe erkannt, daß Er sein Leben für uns hingegeben hat. So müssen wir auch für die Brüder das Leben hingeben. Wenn jemand Vermögen hat und sein Herz vor dem Bruder verschließt, den er in Not sieht, wie kann die Gottesliebe in ihm bleiben? Meine Kinder, wir wollen nicht mit Wort und Zunge lieben, sondern in Tat und Wahrheit" (1 Joh 3,16–18).

Das erste Vorbild einer Berufung, in dem wir das Leben eines jeden von uns betrachten wollen, ist Maximilian

Kolbe. Sein Leben ist zweifellos erfüllt und gelungen, wenn auch nicht nach den Maßstäben der Welt. Sie mißt das Gelingen immer am Erfolg: Pater Kolbe hingegen kam ins Gefängnis und wurde umgebracht. Und dennoch kann niemand in Zweifel ziehen, daß seine Antwort auf den Ruf Gottes wahrhaftig, total und absolut war. Er hat ein Leben geführt, das jedem von uns als beispielhaft und erfüllt erscheinen wird, wenngleich es vielleicht nicht nachahmbar ist.

Der Schlüssel, mit dem wir die Gestalt von Pater Kolbe zu verstehen suchen, ist ein Wort aus dem Johannesevangelium: „Es gibt keine größere Liebe, als wenn einer sein Leben für seine Freunde hingibt" (15,13), und die Parallelstelle (ebenfalls von Johannes, aus seinem ersten Brief), wo der Evangelist das Wort Jesu wiederholt im Zusammenhang mit der Liebe.

Ich habe diese beiden Abschnitte gewählt, denn die Päpste, die in besonderer Weise die Geschichte der Kirche und das Leben der Heiligen auslegen und erklären können, haben das Leben von Maximilian Kolbe von diesen Texten ausgehend gedeutet. Zur Seligsprechung Maximilian Kolbes sagte Paul VI. in seiner Ansprache: „Über dem gewaltigen Vorhof des Todes schwebt ein göttliches und unvergängliches Wort Jesu, welches das Geheimnis des Leids eines Unschuldigen deutlich macht, nämlich Sühne und Opfer zu sein, sich hinzugeben und schließlich Liebe zu sein: ‚Es gibt keine größere Liebe, als wenn einer sein Leben für seine Freunde hingibt' (Joh 15,13)."

Am 10. Oktober 1982 begann Johannes Paul II. seine Ansprache zur Heiligsprechung von Pater Kolbe mit den Worten: „‚Es gibt keine größere Liebe, als wenn einer sein Leben für seine Freunde hingibt' (Joh 15,13). Von heute an möchte die Kirche einen Mann heilig nennen, dem es gegeben war, diese Worte des Erlösers in ihrem buchstäblichen Sinn zu erfüllen."

Betrachtung der Lesungen

Die Worte des Evangeliums sind den Abschiedsreden Jesu entnommen, die den tiefsten Sinn seines Lebens enthüllen. Es ist der Moment, in dem Jesus sich seinen Freunden offenbart, in einer Atmosphäre des Vertrauens und der innigen Freundschaft. Er spricht so, wie wir eigentlich miteinander sprechen möchten: ohne die Angst, mißverstanden zu werden; in der Gewißheit, daß der Zuhörer das Gesagte so aufnehmen kann, wie es gemeint ist, daß er uns liebt und unser eigentliches Anliegen versteht, was wir ihm mitteilen wollen. Deshalb sucht Jesus in diesen Reden nicht einen eleganten, ausgewogenen und logischen, klar aufgebauten Stil. Er drückt sich eher in einer gefühlvollen Sprache aus mit vielen Wiederholungen, wie man es macht, um sicher zu sein, daß jedes Wort verstanden wird. Diese Wiederholungen sind also auch ein Ausdruck seiner Liebe.

In dem kurzen Abschnitt, den wir der langen Rede entnommen haben, vergleicht Jesus vier Wirklichkeiten miteinander und setzt vier Themen in Beziehung zueinander: das *Thema des Gebots:* „Das ist mein Gebot"; das *Thema der Liebe:* „Liebt einander wie ich euch geliebt habe; es gibt keine größere Liebe . . . Dies trage ich euch auf: Liebt einander!" Das *Thema der Freundschaft:* „. . . sein Leben geben für die Freunde; ihr seid meine Freunde; ich nenne euch nicht mehr Knechte, sondern

Freunde"; das *Thema der Wahl:* „Nicht ihr habt mich gewählt, sondern ich habe euch gewählt."

Die vier Themen, *Gebot, Liebe, Freundschaft* und *Wahl* werden durch die Wiederholung der Worte in ihrer unterschiedlichen Beziehung zueinander und vor allem in ihrer Beziehung zu Jesus gesehen. Sie erhalten einen neuen Sinn, eine neue Tiefe, einen neuen Stellenwert, denn sie werden gesehen im Hinblick auf die Person des Herrn und die Gabe, die er selbst ist.

Im Licht dieses grundlegenden Bezugspunktes – Christus, der sich ohne Vorbehalte dem Menschen schenkt – werden sie zum zentralen Thema der Eucharistie. In *Christus traditus,* der uns vom Vater übergeben wird und der sich selbst für uns dem Tod ausliefert, sehen wir gleichsam verschiedene Seiten. In Jesus stellen sie sozusagen eine neue anthropologische Synthese dar dieser so geläufigen Begriffe wie Gebot, Liebe, Freundschaft und Wahl.

Das *Gebot* erscheint nicht mehr als etwas rein Formales und Fremdes, das mir von außen auferlegt wird; es ist etwas, das mich im Innern bewegt.

Die *Liebe* ist nicht mehr eine oberflächliche und zweideutige Wirklichkeit: sie ist persönliche Erfahrung, die tief in uns eindringt und das Geheimnis des Menschen berührt.

Die *Freundschaft* leidet nicht unter Täuschungen: sie ist aufrichtige und vollkommene Freundschaft, auf die wir in absoluter und bedingungsloser Weise vertrauen können.

Die *Wahl* ist in erster Linie eine Wahl Gottes: nicht der Mensch wählt, sondern er wird von Gott gewählt, er wird von ihm berufen und kann kraft dieser Auserwählung eine Entscheidung treffen: er kann die Liebe wählen, die Freundschaft, das Leben und auch die Hingabe des Lebens.

Diese Themen lassen sich in der Person Jesu zusammenfassen; er hat sein Leben für uns hingegeben, und er ruft uns, unser Leben zu geben.

Im dritten Kapitel seines ersten Briefes führt Johannes einige Bedingungen an, damit das Leben als Kinder Gottes gelingen kann: mit der Sünde brechen, die Gebote einhalten (besonders das der Liebe), sich vor den falschen Propheten und der herrschenden Kultur in acht nehmen.

Der Abschnitt, den wir ausgewählt haben, verdeutlicht die zweite Bedingung: die Gebote einhalten, vor allem das Gebot der Liebe. Die grundlegende Botschaft Jesu besteht in der Liebe, und diese wird in Beziehung gesetzt zu ihrem Gegenteil: „Das ist die Botschaft, die ihr von Anfang an gehört habt: Wir sollen einander lieben", und darauf folgen die Gegensätze zur Liebe: „. . . nicht wie Kain handeln, der von dem Bösen stammte und seinen Bruder erschlug (. . .) Wundert euch nicht, wenn die Welt euch haßt (. . .) Wer nicht liebt, bleibt im Tod (. . .) Jeder, der seinen Bruder haßt, ist ein Mörder" (vgl. 1 Joh 3,11–15).

In dieser Gegenüberstellung von Aussagen wird deutlich, daß Nicht-Lieben eine Form des Tötens ist. Der Text bezieht sich auf den ersten Mord (den des Kain); im Verständnis der Heiligen Schrift ist dieser Mord in das Herz des Menschen eingedrungen, was zu einem allmählichen und in gewisser Weise unumgänglichen Übergang geführt hat: vom Nicht-Lieben zum Hassen, zum Töten. Wenn uns dieser Übergang erschreckt, wenn wir der Auffassung sind, so schlecht sei der Mensch gar nicht, Nicht-Lieben könne doch nicht gleichgesetzt werden mit Töten, wenn wir so denken, dann tritt vor unsere Augen die Gestalt von Pater Kolbe. Er ist nicht nur einer, der getötet worden ist: er ist einer von vier Millionen Brüdern, die aus einem unbegründeten Haß kaltblütig umgebracht worden sind; und dieser Haß kommt aus einem dämonischen Nicht-Lieben. Maximilian Kolbe ist ein erschreckendes Beispiel dafür, wie das Nicht-Lieben mit dem Haß einhergeht und der Haß mit dem Tod.

„Daran haben wir die Liebe erkannt, daß Er sein Leben für uns hingegeben hat“ (1 Joh 3,16). Wenn Nicht-Lieben gleichbedeutend ist mit: das Leben nehmen, dann heißt Lieben, das Leben hingeben; und das hat uns Christus vorgelebt. Johannes weiß sehr wohl, was es bedeutet, das Leben hinzugeben für andere; er weiß, daß das nur selten im buchstäblichen Sinn verlangt ist, wie beispielsweise bei Pater Kolbe. Deshalb erklärt er mit pastoraler Weitsicht, daß das Leben-Hingeben heißt, *etwas von sich weggeben,* indem man anfängt, sein Herz nicht zu verschließen: Wenn jemand Vermögen hat – materielle Güter, kulturelle Werte, Freundschaften, Zeit, Gesundheit – und sein Herz vor dem Bruder verschließt, den er in Not sieht, wie kann die Gottesliebe in ihm bleiben? (vgl. 1 Joh 3,17). Lieben meint: das Leben geben, das Leben hinschenken, etwas von sich geben und das Herz nicht verschließen.

Anregungen zum Nachdenken

Diese beiden Abschnitte sollten wir in einem Moment der Stille noch einmal aufmerksam nachlesen, um die Worte in uns eindringen zu lassen und um uns sozusagen freuen zu können an den Worten Jesu, an den Worten des Apostels und an der Wirklichkeit, die dahintersteht: auf der einen Seite die Wirklichkeit Christi, der das Leben hingibt für uns, auf der anderen Seite die Beziehung zwischen Liebe und Tod.

Diese Beziehung wird in den beiden Texten nicht ausdrücklich angesprochen, denn das Thema *Tod* ist nicht unmittelbar abzuleiten aus dem Thema *Liebe,* ist aber immer damit verwoben: Nicht-Lieben heißt hassen, und Hassen heißt töten. Lieben heißt bedingungslos lieben, bis zum Tod.

Das wird deutlich nicht nur in Jesus, nicht nur in Pater Kolbe, sondern im Grunde in jedem Menschen, in dem die geheimnisvolle Erfahrung jenes Überschreitens seiner selbst lebendig ist, was Liebe heißt. Die Fähigkeit, über sich hinauszugehen und auf die eigenen Interessen zugunsten eines anderen zu verzichten bis zur Hingabe des Lebens, zumindest bis zur echten Bereitschaft dazu.

Der Text führt uns zum Verständnis der geheimnisvollen Liebe Gottes zum Menschen: Gott schenkt sich selbst, sein Leben; er liebt den Menschen leidenschaftlich, bedingungslos, bis zum Tod. So ist Gott für den Menschen. Das läßt uns tiefer eindringen in das Geheimnis Gottes. Johannes sagt: „Gott ist Liebe“, Liebe in diesem bedingungslosen, tiefen und alles umfassenden Sinn, wie wir es aus der Betrachtung dieses Textes ablesen können.

Die Antwort von Pater Kolbe auf die Liebe

In welcher Weise können wir nun in Pater Kolbe, in seinem Leben und seinem Tod den Ruf Gottes zu einer totalen Hingabe erkennen? In der bereits erwähnten Ansprache anläßlich der Heiligsprechung Maximilian Kolbes sagte Johannes Paul II.: „Pater Maximilian ist nicht gestorben, er hat ‚sein Leben gegeben . . . für den Bruder‘. In diesem Sterben, so schrecklich es – menschlich gesehen – war, lag die ganze unaufhebbare Größe menschlicher Tat und Entscheidung: Von sich aus hat er sich in den Tod gegeben – aus Liebe. Und in diesem menschlichen Sterben leuchtete das Zeugnis für Christus auf: ein Zeugnis für die Würde des Menschen, für die Unantastbarkeit des Lebens und die heilstiftende Kraft des Sterbens, worin sich die Macht der Liebe offenbart.“ Diese Worte des Papstes laden uns ein, nachzudenken über die Beziehung zwischen der Liebe und der Lebensentscheidung des Menschen. Der Mensch findet seine Erfüllung in der Liebe, in einer Liebe, die vollkommen ist, wenn sie bereit ist zur Hingabe des Lebens. So verstehen wir, daß im Handeln Maximilian Kolbes nicht nur der Heroismus einer großen Tat aufleuchtet, sondern auch die Größe einer Berufung; denn das ist die Berufung: die Entscheidung für ein Handeln, das konsequent dem Ruf Gottes antwortet.

In der größten Entscheidung von Maximilian Kolbe wird deutlich, was die Antwort auf den Ruf Gottes beinhalten kann. Dieser Ruf ergeht an jeden Menschen im Sakrament der Taufe und ist ein Ruf zur vollen Hingabe seiner selbst. Pater Kolbe hat das gelebt bis zur letzten Konsequenz. In seinem Leben beeindruckt eine große Liebe zur Gottesmutter, die ihn zum Apostolat und zu fieberhaften Aktivitäten drängte. Und vielleicht fragt man sich, ob seine Begeisterung, sein Glaubenseifer, all jene Aktivitäten, die sein Leben prägten, aufrichtig gewesen sind. Die Weise, wie er gestorben ist, gibt uns die Antwort. Sie offenbart uns, daß all seinem Tun eine Entscheidung für die absolute und endgültige Liebe zugrunde lag.

Gilt das nicht auch für jeden von uns? Auch wir treffen jeden Tag kleine und größere Entscheidungen: Sie sind nur aufrichtig, wenn sie von einer endgültigen Entscheidung getragen sind, von einer Antwort auf den Ruf, den Gott in der Taufe an uns gerichtet hat und den der Heilige Geist ständig in uns vervollkommnet. Und es ist die lebendige Kraft Jesu in der Eucharistie, der uns in jeder Einzelentscheidung ruft und uns zur endgültigen Entscheidung des Lebens geleitet.

Pater Kolbe hat in seinem ganzen Leben die Unbefleckt empfangene Gottesmutter verehrt. Ihr vertraute er seine Liebe zu Christus an und seinen Wunsch nach dem Martyrium. Im Geheimnis der Mutter Gottes konnte er die wunderbare und übernatürliche Welt der göttlichen Gnade betrachten, wozu jeder Mensch gerufen ist.

Wenn wir über die Texte des heiligen Johannes nachdenken, die uns als Schlüssel dienen, um das Leben Pater Kolbes und das eines jeden Menschen zu verstehen, können wir uns fragen: Worin besteht mein endgültiger Ruf? Wozu bin ich gerufen? Wie verstehe ich mein Leben als Berufung? Bin ich bereit, mein Leben so zu orientieren, daß ich darin einen Ruf Gottes entdecke?

Wir sollten uns aber auch fragen: Verschließe ich mein Herz gegenüber anderen Menschen? Wenn es so wäre, dann wäre die Liebe Gottes nicht in mir, und dann würde ich mit meinem Leben nicht auf den Ruf Gottes antworten. Nach außen hin vielleicht schon, aber im Grunde, im tiefsten Innern meiner Antwort läge ein Bruch.

Wenn ich mein Herz vor jemandem verschließe, wie kann ich ihm dann zu verstehen geben, daß diese meine

Haltung nicht endgültig ist, sondern daß ich von jetzt ab mich öffnen möchte, wie Jesus sich mir geöffnet hat?

Wenn wir Jesus in der Eucharistie anbeten, dann wollen wir auch füreinander beten: Auch wenn wir Pater Kolbe nicht im Martyrium nachfolgen werden, so können wir doch teilnehmen an jener Kraft, die ihn beseelt hat, die ihn bereitet hat, auf den endgültigen Ruf Gottes zu antworten.

Im Dunkel des Glaubens

Therese von Lisieux

Therese Martin wurde am 2. Januar 1873 in Alençon in der Normandie geboren. Ihre Eltern, Ludwig und Zelia Martin, lebten einen tiefen und reifen Glauben, der sich in ihren Kindern unauslöschlich einprägte. Nach dem Tode ihrer Mutter im Jahre 1877 übersiedelte Therese mit ihrem Vater und ihren Schwestern nach Lisieux. Dort trat sie 1888 als Fünfzehnjährige in den Karmel ein, nahm den Ordensnamen Therese vom Kinde Jesus vom Heiligsten Antlitz an und legte am 8. September ihre Profeß ab. Sie starb nach einem kurzen heroischen Leben des Glaubens und der Liebe zu Gott und zu ihren Mitschwestern im Alter von 24 Jahren am 30. September 1897.

Das Zeugnis ihres Glaubens, das im Laufe ihres Ordenslebens gereift ist und in den „Selbstbiographischen Schriften" seinen Niederschlag gefunden hat, ist sehr gradlinig: ein *reines Getragenwerden von der Liebe,* was wirksamer ist als jegliche Gerechtigkeit, die auf den Werken gründet. Therese trifft damit den Kern des Evangeliums, die frohe Botschaft der Erlösung, die den entscheidenden und unwiderruflichen Übergang vom Alten zum Neuen Testament kennzeichnet. Je mehr man ihren „kleinen Weg" kennenlernt, desto mehr wird deutlich, daß reiner Glaube und reine Liebe zusammengehören, auch wenn das heißt, nicht das Licht Gottes zu sehen, schwach und unvollkommen zu sein. Wie es den Heiligen eigen ist, so setzte auch Therese dort an, wo viele Christen stehenbleiben.

„Ich erfreute mich eines so lebendigen und ungetrübten Glaubens, daß der Gedanke an den Himmel mich vollkommen glücklich machte. Ich konnte mir nicht vorstellen, daß es Menschen geben kann, die keinen Glauben haben. Ich meinte, sie sprächen so, weil sie es nicht besser wüßten, wenn sie die Existenz des Himmels leugneten, des schönen Himmels, wo Gott selbst ihr ewiger Lohn sein möchte. In den freudvollen Tagen der Osterzeit ließ Jesus mich fühlen, daß es tatsächlich Menschen gibt, die den Glauben nicht haben, die durch den Mißbrauch der Gnade diesen kostbaren Schatz verlieren, den Quell der einzig reinen und wahren Freude. Jesus ließ zu, daß dichteste Finsternis in meine Seele eindrang und der Gedanke an den Himmel, der mich so glücklich gemacht hatte, nur noch Kampf und Qual bereitete . . . Diese Prüfung sollte nicht nur ein paar Tage oder ein paar Wochen dauern; sie sollte erst zu der vom barmherzigen Gott bestimmten Stunde aufhören, und . . . diese Stunde ist noch nicht gekommen . . . Gern möchte ich ausdrücken, was ich meine, aber ach! es erscheint mir unmöglich: Man muß durch diesen dunklen Tunnel gegangen sein, um zu wissen, wie finster er ist. Ich will aber versuchen, es mit einem Vergleich zu erklären.

Angenommen, ich sei in einem von dichtem Nebel überlagerten Land geboren, noch nie hätte ich den lachenden Anblick der Natur, überflutet, verklärt von strahlendem Sonnenschein geschaut; seit meiner Kindheit höre ich allerdings von diesen Wunderdingen reden. Ich weiß, das Land, wo ich weile, ist nicht meine Heimat, es gibt ein anderes, dem ich unaufhörlich zustreben soll. Keiner der Bewohner des trübseligen Landes, wo ich weile, hat diese Geschichte erfunden, es ist untrügliche Wirklichkeit, denn der König der Heimat mit der strahlenden Sonne ist gekommen, um 33 Jahre im Land der Finsternis zu leben. Ach, die Finsternis hat nicht begriffen, daß dieser göttliche König das Licht der Welt war . . . Dein Kind aber, o Herr, hat dein göttliches Licht erkannt, und es bittet dich um Verzeihung für seine Brüder, es ist bereit, das Brot des Schmerzes zu essen, solange du es willst. Es will sich von diesem mit Bitternis gedeckten Tisch, an dem die armen Sünder essen, nicht eher erheben als an dem durch dich bestimmten Tag . . . Darf dein Kind daher nicht in seinem Namen und im Namen seiner Brüder sprechen: Erbarme dich unser, Herr, denn wir sind arme Sünder! . . . O Herr, entlasse uns gerechtfertigt . . . Mögen doch alle, die vom Licht des Glaubens nicht erleuchtet werden, endlich seinen Lichtschein erblicken . . . O Jesus, wenn es nötig ist, daß der von ihnen befleckte Tisch durch eine Seele gereinigt werde, die dich liebt, so will ich in der Einsamkeit gern das Brot der Prüfung essen, bis es dir gefällt, mich in dein lichtes Reich zu führen. Die einzige Gnade, die ich von dir erbitte, ist die, dich nie zu beleidigen!

Meine vielgeliebte Mutter (die Oberin des Klosters, die sie gebeten hatte, ihr Leben niederzuschreiben), was ich Ihnen schreibe, hat keinen Faden; meine kleine Geschichte, die einem Märchen glich, hat sich unversehens in ein Gebet verwandelt, ich kann mir nicht vorstellen, welches Interesse Sie daran finden können, all diese konfusen und schlecht ausgedrückten Gedanken zu lesen. Doch schließlich, meine Mutter, schreibe ich nicht, um ein literarisches Werk zu verfassen, sondern aus Gehorsam. Wenn ich Sie auch langweile, so werden Sie doch sehen, daß Ihr Kind guten Willen bewies. Ich will mich also nicht entmutigen lassen und meinen kleinen Vergleich an dem Punkt fortsetzen, wo ich stehengeblieben war. Ich sagte, die Gewißheit, einst von dem traurigen und finsteren Land weit wegzuziehen, sei mir von Kindheit an geschenkt worden. Ich glaubte daran nicht nur, weil weisere Menschen als ich zu mir darüber sprachen, sondern auch im Innersten meines Herzens verspürte ich die Sehnsucht nach einer schöneren Gegend. So wie das Genie des Christoph Kolumbus ihn die Existenz einer neuen Welt ahnen ließ, als noch niemand sonst daran dachte, so fühlte ich, daß mir eines Tages eine andere Erde als dauernde Wohnstätte dienen sollte. Doch plötzlich verdichten sich die Nebel um mich her, sie dringen in meine Seele ein und umhüllen sie derart, daß ich in ihr das liebliche Bild meiner Heimat nicht mehr wiederzufinden vermag, alles ist entschwunden! Suche ich Ruhe für mein Herz, das durch all die Finsternis ringsum ermattet ist, in der Erinnerung an das lichtvolle Land, nach dem ich mich sehne, so verdoppelt sich meine Qual; wie mit der Stimme der Sünder scheint die Finsternis mich zu verhöhnen und mir zuzurufen: ‚Du träumst von Licht, von einer mit lieblichen Wohlgerüchen durchströmten Heimat; du träumst von der ewigen Nähe des Schöpfers all dieser Wunderwerke; du glaubst, eines Tages den Nebeln zu entrinnen, die dich umfangen! Nur zu, nur zu, freu dich über den Tod, der dir nicht geben wird, was du erhoffst, sondern eine noch tiefere Nacht, die Nacht des Nichts!‘

Vielgeliebte Mutter, das Bild, das ich Ihnen entwerfen wollte von der Finsternis, die meine Seele trübt, ist von der Wirklichkeit ebenso weit entfernt wie eine Skizze vom Modell; doch ich will nicht weiter darüber schreiben, ich fürchtete sonst zu lästern . . . ja, ich habe Angst, schon zuviel gesagt zu haben . . .

Ach! Jesus möge mir verzeihen, falls ich ihm Kummer bereitet habe; aber er weiß ja, wenn ich auch die Freude des Glaubens nicht koste, so bemühe ich mich doch, dessen Werke zu tun. Ich glaube, seit einem Jahr habe ich tiefer aus dem Glauben gelebt als in meinem ganzen Leben zuvor."

SCHRIFTLESUNG

„Sie kamen zu einem Grundstück, das Getsemani heißt, und Jesus sagte zu seinen Jüngern: Setzt euch und wartet hier, während ich bete. Und er nahm Petrus, Jakobus und Johannes mit sich. Da ergriff ihn Furcht und Angst, und er sagte zu ihnen: Meine Seele ist zu Tode betrübt. Bleibt hier und wacht! Und er ging ein Stück weiter, warf sich auf die Erde nieder und betete, daß die Stunde, wenn möglich, an ihm vorübergehe. Er sprach: Abba, Vater, alles ist dir möglich. Nimm diesen Kelch von mir! Aber nicht, was ich will, sondern was du willst (soll geschehen). Und er ging zurück und fand sie schlafend. Da sagte er zu Petrus: Simon, du schläfst? Konntest du nicht einmal eine Stunde wach bleiben? Wacht und betet, damit ihr nicht in Versuchung geratet. Der Geist ist willig, aber das Fleisch ist schwach" (Mk 14,32–38)

Aus diesem Text des Markusevangeliums möchte ich *drei* Worte herausheben, die beschreiben, was in Jesus vorging, in der Nacht vor seinem Sterben am Ölberg. „Da ergriff ihn *Furcht* und *Angst,* und er sagte zu ihnen: Meine Seele ist zu Tode *betrübt.*" Jesus macht also die Erfahrung von *Traurig-*

keit, Furcht und *Angst.* Welchen Sinn haben diese Wirklichkeiten im Leben eines Menschen, welche Bedeutung haben sie in der Antwort auf einen Ruf Gottes?

Die Erfahrung der inneren Verwundung

Bei der Betrachtung dieses Seelenzustandes Jesu hilft uns die Erfahrung der heiligen Therese von Lisieux. Bei ihr kommen ganz ähnliche Ausdrücke vor wie jene, die Jesus im Garten Getsemani gebraucht hat: „Nebel verdichten sich um mich her und dringen in meine Seele ein"; die „Qual, die sich verdoppelt"; „ich will nicht weiter darüber schreiben, ich fürchtete sonst zu lästern . . ." oder andere Stellen: „Nebel, die sich immer mehr verdichten"; „Kampf und Qual" und das „nicht nur ein paar Tage, nicht nur ein paar Wochen". Möge der Herr uns die Gnade geben, diese Erfahrung zu verstehen!

Ich möchte noch einen Abschnitt aus dem Brief des heiligen Paulus an die Römer in Erinnerung rufen, wo der Apostel eine ähnliche Sprache gebraucht: „Ich sage in Christus die Wahrheit und lüge nicht (. . .) Ich bin voller *Trauer,* unablässig *leidet* mein Herz" (Röm 9,1f). Paulus greift also die Worte Jesu auf, die, wie wir gesehen haben, auch auf das Leben der heiligen Therese zutrafen. Große *Traurigkeit,* fortdauerndes Leiden, und Paulus fügt sogar noch hinzu: „Ja, ich möchte selber verflucht und von Christus getrennt sein um meiner Brüder willen, die der Abstammung nach mit mir verbunden sind" (Vers 3). „Von Gott verflucht", „getrennt von Christus": Diese Ausdrücke haben fast schon jenen Beigeschmack der Lästerung, von dem die heilige Karmelitin in ihrem Brief schreibt. Wir stehen wahrscheinlich vor ähnlichen Erfahrungen, die man vielleicht mit dem Wort „Verwundung“ umschreiben kann: wie eine gewaltsame innere Trennung, etwas, das im Innern zerbricht, eine Traurigkeit, die aus einem verletzenden inneren Zwiespalt oder einer gewaltsamen Spannung hervorgeht.

Woher kommt diese Spannung? Der Apostel drückt es vielleicht am klarsten aus: Auf der einen Seite gehört Paulus zu Christus, fühlt sich ganz Christus, ganz Gott zugehörig, und er lebt eine absolute, bedingungslose und unbestreitbare Treue zu seinem Geheimnis. Auf der anderen Seite fühlt er sich solidarisch mit seinen Brüdern, mit seinem Volk, mit seiner Rasse und sieht den Unglauben in seiner Umgebung. Er fühlt sich verbunden mit der Erfahrung derer, die nicht glauben, als ob es seine eigene wäre. Von daher rührt seine tiefe innere Verwundung, die in seinen Worten zum Ausdruck kommt: *große Traurigkeit und fortdauernde Leiden.*

Es ist der Schmerz eines Menschen, der sich eins fühlt mit Gott und dieses Band nicht leugnet, der sich aber gleichzeitig solidarisch fühlt mit den Menschen, mit den Brüdern, mit den Personen, deren Schicksal, deren Hoffnungen und Ängste er im Innersten teilt. Paulus lebt diese innere Not und schließlich fast die Ausweglosigkeit dieser doppelten und unverzichtbaren Solidarität, die er in sich trägt wie eine ungelöste Spannung.

Es ist dieselbe Verwundung, die Therese von Lisieux unwiderstehlich hinzieht zu einem Vaterland, das erfüllt vom Licht und gleichzeitig umgeben ist von den Schatten einer finsteren Erde, die von undurchdringbaren Nebeln heimgesucht wird. Sie hat den Eindruck, an einem Tisch voller Bitterkeit zu sitzen, an dem die Sünder und Gottlosen essen. Einerseits ist sie überzeugt, ganz Gott anzugehören, und andererseits teilt sie die Situation der Menschen, die nicht glauben; sie ist ihnen nahe bis zur Lästerung. Die Worte der Therese von Lisieux sind äußerst nüchtern; sie spielen auf die tiefgreifende innere Verwundung an („nicht für ein paar Tage, nicht für ein paar Wochen“), die sie erlebt, während sie schreibt, und die sie bis zum Augenblick ihres Todes erleben wird.

Solidarität mit Gott und mit den Menschen

Die Erfahrung des Dunkels, der Treue nach beiden Seiten, der Unfähigkeit, aus dieser Spannung, die sie durchdringt und erschüttert, herauszukommen, spricht aus den Worten der heiligen Therese: „Das Bild, das ich entwerfen wollte (. . .) ist von der Wirklichkeit ebenso weit entfernt wie eine Skizze vom Modell.“ – „Gerne wollte ich ausdrücken, was ich meine, aber ach! es erscheint mir unmöglich: Man muß durch diesen dunklen Tunnel gegangen sein, um zu wissen, wie finster er ist.“

Die *Verwundung der Solidarität* mit den Menschen, insbesondere mit den Verlassensten, mit denen, die am meisten leiden, mit denen, die am meisten dieses Dunkel und den Un-sinn des Lebens erfahren, und zugleich *absolute Treue,* wie mit geschlossenen Augen, ohne Vorbehalte gegenüber Gott, seiner Vorsehung, seiner Wahrheit und Heiligkeit: Das ist die Verwundung, die auch Jesus erfährt und von der im 14. Kapitel des Markusevangeliums die Rede ist: Ich habe es in einem meiner Hirtenbriefe in folgender Weise ausgedrückt: „Statt sich vom Teufelskreis des Hasses und der Gewalt anziehen zu lassen, lebt Jesus das Geschehen des Todes am Kreuz, indem er sich von der Liebe des Vaters anziehen läßt, mit dem er in der Tiefe seines Wesens ganz eins ist. Er gehorcht, liebt, verzeiht, betet, hofft, während er zutiefst – unter Todesschmerzen – erfährt, was es bedeutet, auf der einen Seite ganz und gar teilzuhaben an der Liebe Gottes zum Menschen und auf der anderen Seite solidarisch zu sein mit dem Menschen, der als Sünder von Gott getrennt ist."

Das ist das Geheimnis Jesu im Garten Getsemani: das Leiden des Gottessohnes, an dem die kleine Therese in mystischer Weise Anteil hat. Das ist für uns unerreichbar und vielleicht wenig verständlich, es ist das Geheimnis Jesu am Kreuz, der sich ganz und gar dem Vater hingibt und gleichzeitig das Schicksal der Menschen, der Sünder, teilt und sich durch nichts von der Erfahrung des größten Schmerzes abhalten läßt.

Die erlösende Kraft des Leidens

Dieses Leiden hat eine anziehende und erlösende Kraft, dieses Sich-aufrichtig-Einlassen auf Gott und auf die Menschen, ohne weder das eine noch das andere zu leugnen.

Jede echte christliche Berufung ist ein Ruf Gottes, einzutreten – wenn auch in weniger tragischer und leidvoller Weise – in die Erfahrung Jesu im Getsemani und am Kreuz, ein Ruf zu einem völligen Hineingenommenwerden in Gott, in seine Wirklichkeit, in seine Pläne, ohne dabei den Kontakt mit dem wirklichen, konkreten Menschen, mit seinem Leid und seiner Verlassenheit, mit der Einsamkeit unserer Brüder und Schwestern zu verlieren.

Es gibt keine Berufung, ohne daß diese Spannung angenommen und als Teilhabe am Leiden Jesu durchlebt wird. Es gibt keine Berufung zur Ehe, ohne daß die Partner fähig werden, sich das Leid des anderen zu eigen zu machen, ohne daß sie aus sich selbst, aus ihrem eigenen Selbstverständnis herausgehen, ohne daß sie sich ergreifen lassen von der absoluten Treue zu den Plänen Gottes und gleichzeitig von der absoluten Treue zu der Person, der man sich schenkt. Es gibt keine Berufung zum Priestertum oder zum Ordensleben, ohne daß man aus sich selbst herausgeht, indem man sich ergreifen läßt von der absoluten Treue zum Geheimnis Gottes und zum Geheimnis des Menschen.

Und wenn wir einige Berufungen – vielleicht äußerlich gesehen – als vergeudetes Leben ansehen, dann deshalb, weil diese Menschen sich nicht in dieses Ergriffensein haben hineinnehmen lassen: Sie haben sich in sich selbst verschlossen, sie haben die Herausforderung dieser inneren Verwundung nicht angenommen, und darum haben sie weder Gott noch den Menschen erreicht.

Therese von Lisieux hat ihre Berufung in vollkommener Weise gelebt, denn sie hat diese innere Verwundung angenommen, in der Überzeugung des Glaubens, in Christus am Kreuz die Einheit in sich wiederherstellen zu können.

Das Wesen jeder Berufung besteht also darin, sich gänzlich von der Dynamik ergreifen zu lassen, die der Ruf Gottes in sich trägt: auf der einen Seite: Gott, seine Absolutheit, seine Unteilbarkeit; und auf der anderen Seite: die Geschichte der Menschen und all das, was sie von uns fordert.

Fragen für uns

Wenn wir den Abschnitt aus dem Evangelium mit dem Leben und der Erfahrung der Therese von Lisieux vergleichen, stellen sich uns einige Fragen:

– Lasse ich mich hineinnehmen in diese Dynamik, und bis zu welchem Punkt? Warum habe ich Angst, in diese mich ergreifende und verwandelnde Erfahrung einzutreten, zu der Gott mich einlädt?

– Welche konkreten Gesten des Teilens kann ich jetzt schon in der Familie, in der Umgebung des Studiums oder der Arbeit, in den mitmenschlichen Beziehungen verwirklichen?

Oft ist die Krise einer Familie die Frucht mangelnder Erfahrung des Hineingenommenwerdens: Jeder schafft sich eine eigene Welt und läßt sich nicht auf die der anderen ein, und noch viel weniger auf die Pläne Gottes. Dasselbe gilt für die Schule, für die Arbeit, für die Pfarrgemeinde, für die Gruppe. Was kann ich konkret tun, um zu zeigen, daß ich mich ganz in meine Berufung hineinnehmen lassen will?

Zum Abschluß noch einige Worte der Therese von Lisieux als Gebet. Ich bitte, dabei auch für mich zu beten, denn als Bischof muß ich ein völliges Hineingenommensein in die Geschichte und das Leben dieser Kirche leben, und als Kardinal muß ich mich ganz hineinnehmen lassen in die römische, universale Kirche, mit dem Papst und seinem Leid.

„Erbarme dich unser, Herr, denn wir sind arme Sünder! O Herr, entlasse uns gerechtfertigt: Mögen doch alle das

Licht des Glaubens erblicken! Ich bitte Jesus, mich in das Feuer seiner Liebe hineinzuziehen, mich so innig mit ihm zu vereinen, daß er in mir lebe und wirke. Je mehr das Feuer der Liebe mein Herz durchglüht, je mehr ich zu sagen vermag: ‚Zieh mich an dich', um so mehr werden die Seelen, die sich mir nahen, auch zu dir eilen, denn ein von der Liebe ergriffener Mensch kann nicht untätig bleiben."

Bitten wir füreinander um diese große Gnade. Das große Abenteuer der Berufung, das sich zu leben lohnt, besteht darin, sich ganz hineinnehmen zu lassen in das Geheimnis Gottes, in das Geheimnis des leidenden Menschen und seiner Geschichte.

Der Glaube wird Liebe

Charles de Foucauld

Charles de Foucauld wurde am 15. September 1858 in Straßburg geboren. Seine Jugendzeit war gekennzeichnet von Oberflächlichkeit und Skepsis. Im Alter von 17 Jahren entschloß er sich, die Militärlaufbahn einzuschlagen. Er wählte die Akademie von Saint-Cyr, weil dort die Aufnahmeprüfung leichter war als anderswo. Wegen offenkundiger Faulheit, die manchmal von schlimmen Wutanfällen begleitet war, wurde er abgewiesen.

Daraufhin versuchte er es bei der Akademie der Kavallerie von Saumur, wo er wegen Disziplinlosigkeit zurechtgewiesen wurde. Bei seinen Gefährten machte er sich einen Namen als Organisator von ausgelassenen Festen: Er hatte den Entschluß gefaßt, sein Leben in vollen Zügen auszukosten.

Im Jahre 1881 war sein Regiment in Afrika, im südlichen Oran eingesetzt. Er beantragte neuerlich die Aufnahme ins Heer, bereit in jede Bedingung einzuwilligen, auch auf den Offiziersrang zu verzichten und ein einfacher Soldat zu sein. Mit der gleichen Begeisterung, wie er seine Feste organisierte, stürzte er sich nun in den Krieg; er versuchte der Traurigkeit in seinem Innersten zu entfliehen und wurde ein Soldat, der zu den größten Opfern bereit war, ja sogar sein eigenes Leben einzusetzen.

Im Jahre 1882 verließ er das Heer und zog nach Algier, um ein Forschungsprojekt zu studieren und vorzubereiten. Er wollte den Beweis erbringen, daß er ein ganzer Kerl war. Seine Reise im Jahre 1883 war die erste Forschungsreise eines Europäers in Marokko. Während dieser Reise wurde er zutiefst getroffen von dem unablässigen Ruf Gottes, den er um sich herum verspürte: Die Aufforderungen zum Gebet, die Menschen, die sich fünfmal am Tag zum Gebet nach Osten wandten, der Name Allahs, der in den Gesprächen und Schriften immer wieder genannt wurde, das ganze religiöse Gepräge des mohammedanischen Lebens führten ihn zu der Einsicht: „Und ich lebe ohne Glauben." Von der Zeit ab verspürte er eine Unruhe in seinem Herzen.

Eines Abends begegnete Charles de Foucauld in Paris Abbé Huvelin, der seit langer Zeit mit zahlreichen Angehörigen der Familie de Foucauld befreundet war. Von diesem Augenblick an war sein Leben wie umgewandelt, gekennzeichnet von einer klaren Ausrichtung: dem Weg der Nachfolge Christi.

Charles de Foucauld selbst nennt die drei entscheidenden Daten seines neuen Lebens: 1886 (Bekehrung), 1890 (Eintritt bei den Trappisten), 1897 (Austritt bei den Trappisten und Beginn eines persönlichen Weges).

Im Dezember des Jahres 1916 wurde er in Tamanrasset von einem jungen Tuareg umgebracht, während er in der Anbetung des Allerheiligsten vertieft war.

Aus den Schriften de Foucaulds

„Als ich in Paris war und mein Werk über die Reise nach Marokko drucken ließ, befand ich mich in Gesellschaft sehr intelligenter, tugendhafter und christlicher Menschen. Ich sagte mir – verzeihen Sie meine Ausdrucksweise, es sind nur laute Gedanken: Vielleicht ist dieser Glaube gar nicht absurd. Gleichzeitig fühlte ich mich durch eine innere Gnade angetrieben: Ich fing an, in die Kirche zu gehen, ohne zu glauben; ich fühlte mich nur dort wohl und verbrachte lange Stunden, indem ich dieses seltsame Gebet wiederholte: „Mein Gott, wenn du wirklich da bist, gib, daß ich dich erkenne!“

Ich gelangte zur Überzeugung, ich müßte mich über diesen Glauben genauer informieren. Vielleicht befand sich darin die Wahrheit, nach der ich verzweifelt suchte. Ich sagte mir, es wäre wohl das Beste, wenn ich Unterricht in der katholischen Glaubenslehre nähme. (. . .) Man nannte mir einen hervorragend gebildeten Priester, einen ehemaligen Schüler der *École normale supérieur*. Ich fand ihn in seinem Beichtstuhl und sagte ihm, daß ich nicht gekommen sei, um zu beichten, denn ich hätte keinen Glauben, sondern ich wünschte nur einiges über den katholischen Glauben zu erfahren.

Der gute Gott, der so machtvoll das Werk meiner Bekehrung durch jene starke, innere Gnade begonnen hatte, die mich fast unwiderstehlich zur Kirche trieb, vollendete es. Der mir unbekannte Priester, an den ich mich gewandt hatte und der neben großer Bildung noch größere Tugend und Güte besaß, wurde mein Beichtvater und ist seit den fünfzehn Jahren, die inzwischen verflossen sind, mein bester Freund . . .

Sobald ich glaubte, daß es einen Gott gibt, begriff ich, daß ich nur noch für ihn leben konnte: die Berufung kam für mich zur selben Stunde wie der Glaube: Gott ist so groß! Welch großer Unterschied besteht doch zwischen Gott und all dem, was nicht er ist!“ (aus einem *Brief an Henry de Castries* vom 14. August 1901)

„Mit all meinen Kräften möchte ich diesen armen Brüdern, die die Wahrheit nicht kennen, zeigen, daß unser Glaube ganz und gar Liebe und Brüderlichkeit ist, daß sein Wahrzeichen das Herz ist. Ich möchte Gespräche führen, Medikamente verabreichen, Almosen geben, im Lager Gastfreundschaft gewähren, mich als Bruder erweisen, immer wieder sagen, daß wir alle Brüder sind in Gott und daß wir hoffen, alle eines Tages in dasselbe Paradies zu gelangen, mit ganzem Herzen für die Tuareg beten: Das ist mein Leben." (aus *einem anderen Brief*)

Gebet

Mein Vater,
ich überlasse mich dir ganz;
mach mit mir, was dir gefällt.
Was du auch mit mir tun magst,
ich danke dir.
Zu allem bin ich bereit,
alles nehme ich an,
damit dein Wille sich erfülle,
an mir und an all deinen Geschöpfen.
Ich wünsche nichts anderes, mein Gott.
In deine Hände lege ich mein ganzes Sein;
ich schenke es dir, mein Gott,
mit der ganzen Liebe meines Herzens,
weil ich dich liebe
und weil diese Liebe mich treibt,
mich dir hinzugeben,
mein Leben in deine Hände zu legen,
ohne Maß, mit einem grenzenlosen Vertrauen;
denn du bist mein Vater.

„Ich bin ein Jude, geboren in Tarsus in Zilizien, hier in dieser Stadt erzogen, zu Füßen Gamaliels genau nach dem Gesetz der Väter ausgebildet, ein Eiferer für Gott, wie ihr alle es heute seid. Ich habe den (neuen) Weg bis auf den Tod verfolgt, habe Männer und Frauen gefesselt und in die Gefängnisse eingeliefert. Das bezeugen mir der Hohepriester und der ganze Rat der Ältesten. Von ihnen erhielt ich auch Briefe an die Brüder und zog nach Damaskus, um dort ebenfalls die Anhänger (der neuen Lehre) zu fesseln und zur Bestrafung nach Jerusalem zu bringen. Als ich nun unterwegs war und mich Damaskus näherte, da geschah es, daß mich um die Mittagszeit plötzlich vom Himmel her ein helles Licht umstrahlte. Ich stürzte zu Boden und hörte eine Stimme zu mir sagen: Saul, Saul, warum verfolgst du mich? Ich antwortete: Wer bist du, Herr? Er sagte zu mir: Ich bin Jesus, der Nazoräer, den du verfolgst. Meine Begleiter sahen zwar das Licht, die Stimme dessen aber, der zu mir sprach, hörten sie nicht. Ich sagte: Herr, was soll ich tun? Der Herr antwortete: Steh auf, und geh nach Damaskus, dort wird dir alles gesagt werden, was du nach Gottes Willen tun sollst. Da ich aber vom Glanz jenes Lichtes geblendet war, so daß ich nicht sehen konnte, wurde ich von meinen Begleitern an der Hand geführt und gelangte so nach Damaskus.

Ein gewisser Hananias, ein frommer und gesetzestreuer Mann, der bei allen Juden dort in gutem Ruf stand, kam zu mir, trat vor mich und sagte: Bruder Saul, du sollst wieder sehen. Er sagte: Der Gott unserer Väter hat dich dazu erwählt, seinen Willen zu erkennen, den Gerechten zu sehen und die Stimme seines Mundes zu hören; denn du sollst vor allen Menschen sein Zeuge werden für das, was du gesehen und gehört hast. Was zögerst du noch? Steh auf, laß dich taufen und deine Sünden abwaschen, und rufe seinen Namen an! Als ich später nach Jersualem zurückgekehrt war und im Tempel betete, da geriet ich in eine Verzückung. Und ich sah ihn, wie er zu mir sagte: Beeil dich, verlasse sofort Jerusalem; denn sie werden dein Zeugnis über mich nicht annehmen. Da sagte ich: Herr, sie wissen doch, daß ich es war, der deine Gläubigen ins Gefängnis werfen und in den Synagogen auspeitschen ließ. Auch als das Blut deines Zeugen Stephanus vergossen wurde, stand ich dabei; ich stimmte zu und paßte auf die Kleider derer auf, die ihn umbrachten. Aber er sagte zu mir: Brich auf, denn ich will dich in die Ferne zu den Heiden senden" (Apg 22,3–21).

Nachdem Charles de Foucauld in verschiedenen Teilen der Welt herumgekommen war, nach einer langen und qualvollen Suche, kam er nach Rom, um Klarheit über seine Berufung zu gewinnen. Hier zeigte ihm der Generalobere der Trappisten, was für ihn der Wille Gottes sein konnte. Darauf gab er das traditionelle Leben als Mönch auf und begann einen persönlichen Weg, der ihn in die Wüste Sahara führen sollte. In Rom wurde seine Berufung „missionarisch", seine ganz persönliche Entscheidung wurde zum größten Akt des Gehorsams.

Darüber hinaus verstärkte sich in Rom ein Wunsch, der früher in Syrien in ihm aufgekommen war angesichts einer äußerst schwierigen Situation, als die Armenier verfolgt und viele von ihnen getötet wurden. Damals dachte er zum ersten Mal an das Martyrium, ja er wünschte es sogar als höchste Ausdrucksform, um den eigenen Glauben an Jesus Christus und sein Evangelium zu bezeugen. In Rom begab er sich in die Basilika Sankt Paul vor den Mauern oder er hielt sich im Kolosseum auf, wo er die Anziehungskraft der großen Zeugnisse der ersten Märtyrer des Christentums verspürte. Nach und nach entdeckte er, wozu Gott ihn rief: zur täglichen Aufopferung seines Lebens für die Sache des Evangeliums, um schließlich würdig zu werden, auch den Tod für den Namen des Herrn zu erleiden. Und wir wissen, daß er in Tamanrasset im Jahre 1916 den Märtyrertod gestorben ist.

Wie er Gott gefunden hat

Auf welchem Weg hat Charles de Foucauld Gott gefunden? Er selbst hat diese Frage zumindest zweimal schriftlich beantwortet. Ein Zeugnis ist der Brief an seinen Freund Henry de Castries, der selbst in einer Glaubenskrise steckte. Charles de Foucauld versuchte Licht in die Probleme seines Freundes zu bringen, indem er ihm erzählte, was ihm passiert war und wie er den Herrn gefunden hatte.

In einer anderen Aufzeichnung erzählt er von sich im Zusammenhang mit Exerzitien: Er wendet sich an Gott in der Form eines Gebets, eines Loblieds der göttlichen Barmherzigkeit, die ihn aus der Ferne, in die er sich geflüchtet hatte, in die Fülle des Lichts führte.

Sein Weg war vor allem die *Unruhe des Herzens*. Er sagt, daß er sich als Siebzehnjähriger wie tot gefühlt habe. Er beteuert, daß bei den großen Festen, die er mit überschäumender Begeisterung organisierte, er selbst der Traurigste der ganzen Gesellschaft war. Die Kindheit und Jugend Charles de Foucaulds sind von dieser Traurigkeit gekennzeichnet; er war nie richtig froh und hatte keinen Frieden gefunden. – Es gibt eine Traurigkeit, die Gnade ist; man erfährt sie, wenn man fern von Gott ist: Das ist eine der Ausdrucksweisen, in denen Gott sich besonders stark erfahren läßt, indem der Mensch seine Abwesenheit als Ursache seines Unglücklichseins erfährt.

Ein weiteres Element war in entscheidender Weise auf dem Weg Charles de Foucaulds zur Entdeckung Gottes von Bedeutung: der Kontakt mit einigen Menschen, insbesondere mit seiner Kusine Maria. Sie war ihm in gewissem Sinn zur Mutter geworden, da er als kleines Kind seine eigene verloren hatte. Diese Frau sprach nicht viel über den Glauben; vor allem versuchte sie nicht, ihn mit allen möglichen Mitteln zu überreden in den Jahren, als er in der Gleichgültigkeit oder gar im Unglauben lebte. Sie war eine Christin und zeigte es ihm durch die Demut und durch die Einfachheit ihres täglichen Lebens. Sie übte Einfluß aus durch ihre Persönlichkeit und beherzigte den Rat des Abbé Huvelin, der ihr geistlicher Vater war und künftig der geistliche Führer von Charles de Foucauld werden sollte: „Wenn man einen Menschen bekehren will, darf man nicht versuchen, ihn zu überreden; die beste Methode besteht nicht darin, daß man Predigten hält, sondern daß man dem anderen zu verstehen gibt, daß man ihn gern hat."

An einem bestimmten Punkt im Leben von Charles de Foucauld geschieht *etwas, das schwierig zu erklären ist,* zumindest in den Kategorien der Psychologie und der Soziologie: Dieser Mann, dieser Jugendliche, der sich Atheist nannte, besucht Kirchen; allein bleibt er hinter einem Pfeiler stehen und bittet Gott: „Herr, wenn du da bist, gib, daß ich dich erkenne." – Wenn man sagen kann, daß derjenige Gott findet, der ihn sucht, so ist es noch zutreffender, daß Gott von denen gefunden wird, die er selbst gesucht, gefunden, mitgerissen und zu sich bekehrt hat.

Die Bekehrung des heiligen Paulus, wie sie in der Apostelgeschichte berichtet wird, erklärt das: Auf dem Weg nach Damaskus ist Paulus ein Verfolger, aber am Ende dieser Reise ist er ein Apostel. Charles de Foucauld drückte dieses Überwältigtwerden von der Kraft des Herrn aus, indem er zu einem Gott betete, dem er noch nicht begegnet war.

Wir müssen aber hinzufügen, daß sich in der Lebensgeschichte von Charles de Foucauld die Begegnung mit Gott auch deshalb verwirklichte, weil er einen geistlichen Führer suchte und fand. Er suchte einen umsichtigen Priester, der theologisch gebildet war; und er fand einen, der wirklich Erfahrung im geistlichen Leben hatte. Den jungen Mann, der ihm sagte: „Ich bin gekommen, um mich über den katholischen Glauben zu informieren, da ich keinen Glauben habe", führte der Priester unmittelbar zur Beichte. Daraufhin reichte er ihm die Eucharistie. Abbé Huvelin hat dabei nicht überstürzt gehandelt, auch wenn es so scheinen könnte. Er sah, was vielleicht andere nicht hätten sehen können: Charles de Foucauld brauchte nicht große Überlegungen, denn solche hatte er selbst schon viele angestellt. Er brauchte ein Wort, das eine ganze Erfahrung zum Abschluß bringen konnte. Der junge Mann entdeckte Gott und traf die Entscheidung, *einzig und allein* für ihn zu leben.

Vielleicht meinen wir, auch wir seien Gott schon begegnet. Ich möchte jedoch einladen, die Geschichte des Paulus auf dem Weg nach Damaskus und die Geschichte von Charles de Foucauld noch einmal aufmerksam zu lesen, um zu verstehen, was es heißt, Gott zu begegnen, auf welchen Wegen man normalerweise gehen muß, damit diese Entdeckung Wirklichkeit werden kann.

Den anderen helfen, Gott zu begegnen

Das Leben des Charles de Foucauld war davon geprägt, anderen zu helfen, Gott zu begegnen. Der Weg dazu war die Freundschaft. Das wird aus den folgenden Sätzen des bereits zitierten Briefes deutlich, die von seiner großen Weisheit und Tiefe zeugen:

„Mit all meinen Kräften möchte ich diesen armen Brüdern, die die Wahrheit nicht kennen, zeigen, daß unser Glaube ganz und gar Liebe und Brüderlichkeit ist, daß sein Wahrzeichen das Herz ist. Ich möchte Gespräche führen, Medikamente verabreichen, Almosen geben, im Lager Gastfreundschaft gewähren, mich als Bruder erweisen, immer wieder sagen, daß wir alle Brüder in Gott sind und daß wir hoffen, alle eines Tages in dasselbe Paradies zu gelangen, mit ganzem Herzen für die Tuareg beten: Das ist mein Leben.

Vor allem möchte ich den Boden vorbereiten durch Schweigen, in der Güte, durch den Kontakt und mit dem guten Beispiel; wenn die Beziehung hergestellt ist, will ich von ihnen verstanden werden und sie kennenlernen; ich will sie lieben aus der Tiefe des Herzens und mich von ihnen achten und lieben lassen; dadurch können Vorurteile fallen, entsteht Vertrauen, wächst – mit der Zeit – Autorität; dann werde ich persönlich mit denen sprechen, die am ehesten bereit sind, umsichtig, nach und nach, mit jedem auf eine andere Weise, so daß ich einem jeden gebe, was er zu empfangen imstande ist (. . .) Wenn sie Menschen sehen, die tugendhafter sind und weiser als sie und die Christen sind, dann werden sie auch bereit sein anzuerkennen, daß diese Menschen vielleicht doch nicht im Irrtum sind, und sie werden Gott um sein Licht bitten."

Man spürt, daß hinter diesem Brief die persönliche Erfahrung der Entdeckung Gottes durch die freundschaftliche Gegenwart der Kusine Maria steht. Und man muß hinzufügen, daß im Leben Charles de Foucaulds die Freundschaft als Methode des Apostolats mehr ist als eine Methode: Es ist seine Berufung selbst, die sich zusammenfassen läßt in dem einen Wort: Nazaret. „Das Geheimnis, das zu leben Gott mich ruft, ist jenes des verborgenen Lebens Jesu in Nazaret." Sein ganzes Suchen führte ihn dahin, dieses Geheimnis ganz und gar verwirklichen zu können in der Wüste Sahara unter den Tuareg. Nazaret ist das Geheimnis des Verborgenseins, das sich nicht so sehr dadurch verwirklicht, daß man sich von den anderen trennt und entfernt, sondern indem man immer mehr am Leben der anderen Anteil nimmt.

So machte sich Charles de Foucauld auf die Suche nach den Ärmsten der Menschen; er lebte mitten unter ihnen, das war seine Selbstverleugnung; er wurde zum Tuareg unter den Tuareg, er durchquerte auf dem Kamel die Wüste, studierte die Sprache der Tuareg und wurde zu einem Fachmann auf diesem Gebiet. In gewisser Weise vergaß er jede andere Möglichkeit seines Lebens (und er hatte viele!), um seine Liebe und all seine Fähigkeiten ungeteilt jenen Menschen zu widmen.

Das Programm, das er in den Vordergrund seines Wirkens stellte, können wir als ein grundlegendes Kennzeichen des Apostolats oder der Glaubensverkündigung ansehen;

es ist jene Sprache, hinter der Taten stehen; es ist Gegenwart, Stil, Nähe, Verständnis, Zuhören, das Tragen der Lasten anderer, das Eingehen auf die Erwartungen anderer, das Sich-zu-eigen-Machen der Fragen anderer, der Versuch, Werkzeug der Hoffnung und des Lichts zu sein. Es gibt keine Berufung, die diesen Aspekt des christlichen Zeugnisses übergehen kann: Vor die Worte muß man die Taten stellen; vor die Verkündigung das Teilen, indem man Zeuge der Selbsthingabe wird, mit jener Liebe, die Jesus in seinem Evangelium als charakteristisches Zeichen seiner Jünger darstellt.

Wenn wir im Leben unserer Berufung den Stil Charles de Foucaulds aufgreifen, dann werden wir den Menschen, denen wir begegnen, helfen können, Gott zu finden; und dann können wir in aller Demut, im Schweigen und in der Einfachheit ein bescheidenes Werkzeug sein, mit dem der Herr andere Menschen an sich zieht.

Eucharistie und Berufung

Charles de Foucauld hat sehr, sehr viele Stunden der Anbetung der Eucharistie gewidmet; von der Zeit an, als er nach Nazaret ging, bis zum Schluß seines Lebens. In der Regel der Kleinen Brüder und Kleinen Schwestern Jesu wollte Charles de Foucauld einen Schwerpunkt legen: eine Stunde Anbetung, die aus keinem einzigen Grund ausfallen darf.

Ich bin jungen Menschen begegnet, die eine Entscheidung für ihr Leben getroffen und sich auch radikal geändert haben, aufgrund einer längeren Anbetung der Eucharistie.

Bitten wir darum den Herrn füreinander, er möge in jedem von uns den immer lebendigeren Wunsch zur Anbetung wachrufen; er möge uns verstehen lassen, daß Jesus in der Eucharistie fähig ist, die Gemeinschaft zu verwandeln, die Familien, unser persönliches Leben, wenn wir ihn in aller Einfachheit anbeten.

Als Charles de Foucauld sich bekehrt hatte, wollte er Mönch werden, weil er glaubte, daß dies die höchste Ausdrucksform seiner Hingabe sei. Der Abtei von Solesmes wurde er mit folgendem Brief von seinem geistlichen Vater vorgestellt: „Hochwürdiger Pater, Charles de Foucauld, der Ihnen diesen Brief überbringen wird, ist ein ehemaliger Offizier, ein mutiger Forscher in Marokko, ein begeisterter Pilger im Heiligen Land, ein vollkommener Ehrenmann, ein sehr guter Christ, *der den Glauben zur Liebe hat werden lassen.* Seit geraumer Zeit stelle ich fest, daß sein Verlangen und seine Wünsche ihn in die Richtung des Mönchslebens führen. Er möchte so leben, und er übt sich darin seit Monaten. Ich habe ihm den Rat gegeben, es für ein Paar Tage in Solesmes zu versuchen. Ich bitte Sie, hochwürdiger Pater, ihm die Gelegenheit zu geben, das Ordensleben kennenzulernen, es mitten unter Ihnen zu leben. Ich kenne Charles de Foucauld seit Jahren. Er ist absolut vertrauenswürdig, und seine Berufung scheint mir sehr aufrichtig zu sein, wenn nicht für Solesmes, dann für eine andere Ordensfamilie. Ich würde Solesmes wünschen." – Das Wort, das das Leben von Bruder Karl nach seiner Bekehrung zusammenfaßt *„Er hat den Glauben zur Liebe werden lassen"* ,wäre sicher das beste Leitmotiv für das Leben eines jeden von uns.

Das Warten auf Gott

SIMONE WEIL

Simone Weil wurde am 3. Februar 1909 in einer jüdischen Familie zu Paris geboren. Sie besuchte bereits in sehr jungen Jahren die *École normale supérieur* und widmete sich dem Studium der Philosophie. Nach Abschluß ihrer Ausbildung war sie einige Jahre als Lehrerin tätig, spürte aber gleichzeitig den Wunsch, das alltägliche Leben der Arbeiter aus unmittelbarer Nähe kennenzulernen und zu verstehen, es in seiner Tiefe und in seinem Schmerz zu durchdringen.

Damit begann eine Suche nach der Wahrheit, die sie bis zur äußersten Grenze führte, zu einer Art läuterndem Leiden. Sie bat um Beurlaubung aus dem Schuldienst und ging als Arbeiterin zu den Renault-Werken. Ihre angegriffene Gesundheit verschlechterte sich bald so sehr, daß sie die Arbeit unterbrechen mußte.

Simone Weil fühlte sich vom Christentum angezogen; obwohl sie sich nach den Sakramenten sehnte, bat sie nie um Aufnahme in die Kirche.

Für kurze Zeit hielt sie sich in Marseille auf. Als Jüdin mußte sie sich verbergen, bis ihr 1942 die Flucht nach Amerika gelang. Ein Temperament wie das ihre gewöhnte sich nur schwerlich daran, in einem Land zu leben, das ihr im Grund „zu ruhig" war. So kehrte sie nach Europa zurück und zog nach London, wo Krieg herrschte und wo man bittere Not litt. Auch das genügte ihr nicht; sie wollte sich in die Reihen der französischen Widerstandsbewegung melden. Das wurde ihr aber nicht gewährt, und so mußte sie in England bleiben. Vom Hunger und von der Schwindsucht ausgezehrt, mußte sie schließlich in ein Krankenhaus eingeliefert werden und starb 1943 im Alter von 34 Jahren.

Aus einer Lebensbeschreibung: „Zu allen Zeiten ihres kurzen Lebensweges finden wir in ihr den Willen, das Gleichgewicht des Lebens wiederherzustellen, das vom Bösen bedroht ist. Dafür setzte sie ihr ganzes Leben ein. Dieser Maßstab kann dazu beitragen, ihre Haltung besser zu verstehen und gleichzeitig jede Art politischer Ausbeutung ihres Handelns zurückzuweisen. Simone Weil war immer auf der Seite der Unterdrückten, auf der Seite derer, die dabei sind zu verlieren oder unter dem Gewicht der Gewalt nachzugeben. So erklärt sich ihr Engagement im Spanischen Bürgerkrieg, ihr Wunsch, sich persönlich in dem von Deutschen besetzten Rußland einzusetzen. Durch diese Aktionen scheint sie etwas zeigen zu wollen, das wir allzuoft vergessen: Für eine echte innere Anteilnahme ist es erforderlich, daß sie auf der Wirklichkeit gründet, eben auf Leid und Entbehrung. Dies ist im übrigen das Evangelium von der Liebe, jener Liebe, die den Glauben bewahrt."

Aus den Schriften Simone Weils

„Über die Unendlichkeit von Zeit und Raum hinaus kommt die unendlich viel unendlichere Liebe Gottes, um uns zu ergreifen. Sie kommt zu ihrer Stunde. Wir haben die Macht, sie willig in uns zu empfangen oder sie abzuweisen. Verschließen wir ihr unsere Ohren, kommt sie wie ein Bettler ständig wieder, und ebenso wie ein Bettler bleibt sie eines Tages aus. Öffnen wir ihr willig unser Herz, dann legt Gott einen kleinen Samen in uns und geht weiter. Von diesem Augenblick an haben Gott und auch wir nichts weiteres zu tun, als zu warten. Nur darf es uns nicht gereuen, daß wir unsere Einwilligung, das bräutliche Jawort, gegeben haben. Das ist nicht so leicht, wie es scheint, denn das Wachstum des Samens in uns ist schmerzhaft. Wenn wir dieses Wachstum geschehen lassen, müssen wir alles, was ihm hinderlich sein könnte, vernichten; wir müssen das Unkraut entfernen und die Quecken ausjäten; doch unglückseligerweise sind diese Quecken so sehr mit unserem eigenen Fleisch verwachsen, daß diese gärtnerische Pflege ein gewaltsames Geschäft ist. Dennoch wächst das Samenkorn, alles in allem genommen, ganz von allein. Es kommt der Tag, wo die Seele Gott gehört, wo sie nicht mehr nur in die Liebe einwilligt, sondern wo sie wahrhaft und tatsächlich liebt. Dann muß sie ihrerseits das All durchqueren, um zu Gott zu gelangen.“ (aus: *Das Unglück und die Gottesliebe*)

„Es gibt eine notwendige Anstrengung, die weitaus härter ist als alle anderen, aber nicht in den Bereich der Aktion fällt. Sie besteht darin, den Blick unverwandt auf Gott zu richten, ihn wieder neu auf Gott zu richten, wenn er sich abgewandt hat, ihn fest auf ihn gerichtet zu halten, bisweilen mit allen Kräften, die einem zur Verfügung stehen. Das ist sehr hart, denn der oberflächliche Teil von uns, was wir sind, was wir unser Ich nennen, fühlt sich durch diesen fest auf Gott gerichteten Blick zum Tode verurteilt. Und er will nicht sterben. Er bringt alle möglichen Lügen hervor, um den Blick abzuwenden.

Eine Lüge ist die der Lust und des Schmerzes. Wir wissen sehr wohl, daß Unterlassungen oder Handlungen, die auf der Anziehungskraft der Lust oder auf der Furcht vor dem Schmerz begründet sind, uns zwingen, den Blick von Gott abzuwenden. Wenn wir uns gehenlassen, fühlen wir uns von der Lust oder vom Schmerz besiegt; aber das ist häufig eine Illusion. Sehr oft sind die Lust und der Schmerz nur spürbar unter einem Vorwand, der den oberflächlichen Teil von uns ergreift, um uns von Gott zu trennen. In sich selbst sind die Lust und der Schmerz nicht so mächtig. Es ist nicht so schwierig, auf ein Vergnügen zu verzichten, auch wenn es berauschend ist, oder sich einem Schmerz zu unterwerfen, auch wenn er heftig ist. Das tun Tag für Tag viele Leute, die recht oberflächlich sind. Aber es ist oft unendlich schwerer, auf ein kleines Vergnügen zu verzichten, sich einem sehr einfachen Schmerz auszusetzen, allein für Gott, für den wahren Gott, für ihn, der im Himmel ist und nirgendwo anders. Wenn man das tut, geht man nicht auf das Leiden zu, sondern auf den Tod. Ein Tod, der radikaler ist als der leibliche Tod und vor dem die Natur selbst erschrickt. Der Tod dessen, was in uns ‚Ich' genannt wird." (aus: *Ungeordnete Gedanken über die Liebe Gottes*)

Schriftlesung

„Jesus brach auf und zog von dort in das Gebiet von Tyrus. Er ging in ein Haus, wollte aber, daß niemand davon erfuhr; doch es konnte nicht verborgen bleiben. Eine Frau, deren Tochter von einem unreinen Geist besessen war, hörte von ihm; sie kam sogleich herbei und fiel ihm zu Füßen. Die

Frau, von Geburt Syrophönizierin, war eine Heidin. Sie bat ihn, aus ihrer Tochter den Dämon auszutreiben. Da sagte er zu ihr: Laßt zuerst die Kinder satt werden; denn es ist nicht recht, das Brot den Kindern wegzunehmen und den Hunden vorzuwerfen. Sie erwiderte ihm: Ja, du hast recht, Herr! Aber auch für die Hunde unter dem Tisch fällt etwas von dem Brot ab, das die Kinder essen. Er antwortete ihr: Weil du das gesagt hast, sag ich dir: Geh nach Hause, der Dämon hat deine Tochter verlassen. Und als sie nach Hause kam, fand sie das Kind auf dem Bett liegen und sah, daß der Dämon es verlassen hatte" (Mk 7,24–30).

Die Gestalt, die uns in diesen Text des Markusevangeliums einführt, ist eine einzigartige, man könnte beinahe sagen: eine exzentrische Persönlichkeit. Mancher wird sich vielleicht gefragt haben, warum gerade sie ausgewählt wurde. Simone Weil ist eine Jüdin, die nie die Entscheidung getroffen hat, sich taufen zu lassen, und ihre Geschichte zeigt Spuren des Extremismus, ja des Militanten. Während des letzten Weltkriegs wollte sie, auch wenn es ihr nicht gewährt wurde, mit einem Fallschirm jenseits der deutschen Front abgeworfen werden, um als Partisanin zu kämpfen. Es wäre ihr sicherer Tod gewesen. Die letzten Tage ihres Lebens waren gekennzeichnet von einem Dahinsiechen als Lungenkranke, sie aber verweigerte das Essen, weil sie der Gedanke quälte, daß ihre Landsleute in Frankreich Hunger litten.

Simone Weil ist also ein Mensch, der das Leid in einer fast beängstigenden Weise durchlebt hat: die eigenen Leiden und vor allem die der anderen, die sie sich zu eigen gemacht hat. In ihren zahlreichen Aufzeichnungen finden wir keinen geordneten und ausgewogenen Aufbau. Es handelt sich um fragmentartige Notizen, die bisweilen nicht zu Ende geführt wurden und oft widersprüchlich erscheinen. Ihr frühzeitiger Tod hat verhindert, jene Fülle von Ideen, Gefühlen und unterschiedlichen Äußerungen, die ihr Leben gekennzeichnet haben, zu ordnen.

Welche Rolle spielt diese Frau in der Betrachtung jener Szene aus dem Evangelium, in der eine Frau Jesus unablässig um die Heilung ihrer Tochter bittet? Wie tritt Simone Weil auf unseren Weg, den wir mit den Begriffen „Wort Gottes – Eucharistie – Berufung“ überschrieben haben? Was hat diese junge jüdische Frau mit all dem zu tun? Einige Charakterzüge Simone Weils, die uns erlauben, die Bedeutung ihres Lebens zu verstehen, sollen uns heranführen an diesen Abschnitt aus dem Markusevangelium, den wir überschreiben könnten: „Die unermüdliche Frau“ oder „Die unaufhaltsame Suche nach dem Guten“.

Charakterzüge Simone Weils

– In erster Linie ist Simone Weil Jüdin. Ihre Verwurzelung im Heiligen Volk Gottes, dem viele göttliche Gaben verliehen worden sind, hat sie nicht vordergründig, durch äußere Akte jüdischer Frömmigkeit gezeigt, sondern vielmehr durch jene grundlegende Tugend, die Simone Weil *Aufmerksamkeit* nennt und die nach meiner Meinung in psychologischen Begriffen eine moderne Version des jüdisch-biblischen Themas des Zuhörens ist. In der unablässigen Suche nach dem Wahren, das in beängstigender Weise jeden Augenblick der Existenz dieser Frau durchzieht, spürt man, daß sie das Wohl des Menschen nicht als etwas betrachtet, das man hervorbringen kann, sondern das viel eher empfangen und aufgenommen werden muß: ein Gut, das von Gott kommt. Von seiten des Menschen erfordert es die Aufmerksamkeit, das demütige Sich-Hinwenden zu Gott, zu allen Menschen und Situationen, in denen ein Echo des Wortes anklingen kann.

– Dieses Merkmal der beständigen Aufmerksamkeit auf Gott, auf sein Wort, auf den Menschen, auf den Armen hat als Konsequenz in ihr einen sehr starken Sinn des *Lebens als Berufung* reifen lassen; es ist das Leben, das von Jemandem bestimmt wird, der ruft und dem man antworten muß.

Aus einer Biographie Simone Weils: „Nach Monaten innerer Finsternis, gleichsam einer Krise der Verzweiflung zwischen dem vierzehnten und fünfzehnten Lebensjahr, hatte sie die Intuition, daß jedem menschlichen Wesen eine Fülle an Wahrheit vorbehalten ist, eine Fülle auch an natürlichen Fähigkeiten, die nahezu unscheinbar sind." Das charakterisiert den Weg einer universellen Berufung, die nicht auf einem Privileg, auf Schönheit, auf der Fähigkeit, sich durchzusetzen, oder auf menschlichem Prestige, an dem sie trotzdem sehr hing, beruht: Es ist eine Berufung für alle, auch für die Armen, für diejenigen, die offenbar am meisten ins Abseits gedrängt sind. „Und sie stellte fest, daß es drei Wege gab, auf denen ein menschliches Wesen diese Fülle erreichen kann: die Sehnsucht nach der Wahrheit; die beständige Anstrengung der Aufmerksamkeit; der Gehorsam gegenüber der eigenen Berufung." Der Gehorsam gegenüber der eigenen Berufung ist die Triebfeder ihres ganzen Lebens, eines Suchens, das nicht einmal im Angesicht des Todes ein Ende fand.

– Ein drittes Motiv, weshalb wir unsere Aufmerksamkeit

auf diese Gestalt unserer Zeit richten, besteht darin, daß Simone Weil eine große Anziehungskraft von seiten der Eucharistie verspürte, obwohl sie formell nie Christin wurde. Ihre Aussagen über dieses Sakrament, insbesondere über die eucharistische Anbetung, gehören zu den feinfühligsten und leidenschaftlichsten Zeugnissen unseres Jahrhunderts zu diesem Thema. In der letzten Zeit ihres Lebens sagte sie: „Ich verspüre eine ungeheure und ständig wachsende Sehnsucht nach der Kommunion." Aber sie hat diesen letzten Schritt nie vollzogen; eine Reihe von historisch und gesellschaftlich bedingten Vorurteilen führten sie dazu, ständig über ihre Entscheidung weiter nachzudenken, was für sie qualvoll und schwierig war.

In Simone Weil sehe ich also die Haltung unermüdlichen Suchens, die viele Frauengestalten des Evangeliums auszeichnet: Maria von Magdala, die Jesus am Grab des Auferstandenen mit einem solchen Kummer sucht, daß sie nicht einmal imstande ist, ihn zu erkennen; die zunächst gleichgültige und widerspenstige Samariterin, die dann von Aufmerksamkeit und Begeisterung für den Herrn erfüllt wird; die unermüdliche Suche der Jungfrau Maria, als Jesu sich ihr und Josef entzieht, um im Tempel von Jerusalem, im Haus Gottes, zu bleiben.

Die heidnische Frau

Unter den verschiedenen Stellen des Evangeliums, die man auswählen könnte, um im Licht des Wortes Gottes die Botschaft Simone Weils zu verstehen, habe ich jene der heidnischen Frau genommen, weil auch sie außerhalb der Grenzen der sichtbaren Orthodoxie des erwählten Volkes stand. Noch stärker und glücklicher als Simone Weil hat sie ihre unermüdliche Suche zum Ausdruck gebracht, ihre außergewöhnliche Fähigkeit, das Herz Gottes zu durchdringen.

Der Abschnitt hat sein Zentrum in einem Dialog, der sich zuerst in der indirekten Rede vollzieht: „Sie bat Jesus, aus ihrer Tochter den Dämon auszutreiben“ (Mk 7,26). Danach geht der Dialog in direkte Rede über mit einem sehr harten Wort Jesu: „Laßt zuerst die Kinder satt werden; denn es ist nicht recht, das Brot den Kindern wegzunehmen und den Hunden vorzuwerfen“ (Mk 7,27). Wir können kaum annehmen, daß Jesus ein solches Wort ausgesprochen hat.

Die Antwort der Frau ist ehrfurchtsvoll und demütig, zugleich aber auch inständig und selbstbewußt: „Ja, du hast recht, Herr! Aber auch für die Hunde unter dem Tisch fällt etwas von dem Brot ab, das die Kinder essen“ (Mk 7,28). Darauf schließt der Dialog mit dem versöhnlichen Wort Jesu: „Weil du das gesagt hast, sage ich dir: Geh nach Hause, der Dämon hat deine Tochter verlassen“ (Mk 7,29).

Von seinem Aufbau her erinnert dieses dramatische Gespräch an den Kampf Jakobs mit dem Engel, oder an die Stelle, wo Maria und Jesus auf der Hochzeit zu Kana sind und wo zumindest nach außen hin Jesus zuerst die Bitte Marias abweist und doch die Mutter des Herrn beharrlich bleibt.

Unser Abschnitt aus dem Markusevangelium ist eingebettet in die Kapitel 6 bis 8, die besondere Aufmerksamkeit verdienen: Aus ihnen spricht eine gewisse Gleichgültigkeit und Verschlossenheit gegenüber dem Wort Gottes, einmal von seiten der Apostel („Ihr Herz war verstockt“

[6,52]), und noch mehr von seiten der Pharisäer und Schriftgelehrten („So setzt ihr durch eure eigene Überlieferung Gottes Wort außer Kraft“ [7,13]). In der Umgebung der Frau, die trotz der offenkundigen Weigerung inständig um die Brosamen bittet, finden wir in diesem Kapitel des Evangeliums die satten Menschen, die schon alles wissen. Jene, die keine *Aufmerksamkeit* haben (um die Sprache von Simone Weil aufzugreifen) und denen Jesus sagt: „Begreift und versteht ihr immer noch nicht? Ist denn euer Herz verstockt? Habt ihr denn keine Augen, um zu sehen, und keine Ohren, um zu hören? Erinnert ihr euch nicht: Als ich die fünf Brote für die Fünftausend brach, wie viele Körbe voll Brotstücke habt ihr da aufgesammelt?“ (Mk 8,17ff). Die Apostel, die Weisen, die Klugen und die Schriftgelehrten, sie verstehen nicht, sie hören nicht zu und dringen nicht ein; die Frau hingegen steht symbolisch für die Armen, die die Hoffnung des Evangeliums und der Kirche sind, wenn sie ihr Herz öffnen, wenn sie verstehen, die Brosamen zu schätzen und inständig und demütig darum zu bitten. Die Frau steht für jeden Armen, der sein Herz Gott öffnet und ihn findet.

Die Suche nach dem wahren Angesicht Gottes und des Menschen

Wenn wir den Text aufmerksam durchlesen, verstehen wir die Macht menschlichen Wortes. Eigentümlich klingt die Lobrede, die Jesus am Ende dieses Abschnitts ausspricht: „Weil du das gesagt hast . . .“ Er sagt nicht: „Durch meine Kraft, durch meine Macht, durch meine Fähigkeit zu heilen“, sondern *„Weil du das gesagt hast . . .“* Es ist ein wunderbarer Lobpreis auf das menschliche Wort, wenn es Ausdruck eines Glaubens ist, der über die Schatten und über den äußeren Schein hinausdringt.

Jesus hatte Härte gezeigt, er hat offensichtlich die Antwort verweigert, aber die Frau hat verstanden, daß jenseits des äußeren Scheins eine göttliche Epiphanie liegt, die Barmherzigkeit, die dem Wort des Glaubens nicht widerspricht. Vom psychologischen Gesichtspunkt aus könnten wir sagen, daß Jesus sich verstanden fühlte; theologischer ausgedrückt: Gott hat sich geliebt gefühlt, er hat gespürt, daß jemand ein bedingungsloses Vertrauen in ihn hat, daß die Frau die Prüfung der Dunkelheit und der Verweigerung überwand und sie als Prüfung der Liebe verstand, daß sie leidenschaftlich an seine Liebe glaubte. Das war ihr möglich, weil sie leidenschaftlich ihre Tochter liebte. Das ganze Gespräch dreht sich ja um die Tochter: „Meine Tochter . . . mein Kind . . .“, und nicht um die Frau. Sie liebt ihre Tochter, sie verlangt nichts für sich selbst, sondern für ein anderes menschliches Wesen; die Frau ist das Bild des Menschen, der um andere besorgt ist, sie ist das Bild der Kirche, die für die Menschheit Sorge trägt. Sie ist das Bild der Leidenschaft, des Suchens, der Aufmerksamkeit, zu der jeder Mann und jede Frau berufen ist: das wahre Angesicht Gottes zu entdecken im Blick auf das Angesicht des eigenen Bruders, der eigenen Schwester in Not, in Schwierigkeiten, im Leiden.

Diese Leidenschaft, dieses unermüdliche Suchen leuchtet auf im Leben von Simone Weil. Der Abschnitt aus dem Markusevangelium sagt uns, daß die großen menschlichen Unternehmungen (und das Leben eines jeden von uns ist ein großes Unternehmen: Es fordert die Antwort unseres Lebens und Antwort auf die Frage nach dem Leben unseres Bruders Abel) ein unaufhaltsames Suchen sind. Das unermüdliche betrachtende Beten für die leidende Menschheit ist dafür Zeichen, Symbol und Übung.

Für dieses Suchen hat Papst Johannes Paul II. ein Beispiel gegeben durch seine Reise nach Mittelamerika, unterwegs zu Menschen, die Hunger leiden und unterdrückt werden. Diese Menschheit liegt ihm am Herzen. Der Papst steht in der Erfahrung dieser Frau des Evangeliums und deshalb kann seine Leidenschaft nicht vor Enttäuschungen, üblen Machenschaften, Zurückweisungen, Verbitterung oder Drohungen zurückschrecken. Auch er ist ein Zeuge unserer Zeit.

Fragen an uns

Es gibt keinen Weg der Berufung, es gibt keinen Weg, um den eigenen Platz im Leben zu finden, ohne dieses Suchen, das die Schatten der Gegensätze, der Gleichgültigkeit, ja des Schweigens Gottes überwindet. Wir können uns daher drei Fragen stellen:

– Bin ich ernsthaft auf der Suche? Suche ich durch das Gebet, durch das Ausharren in der Dunkelheit, indem ich Rat erbitte und mich öffne? Nehme ich beschwerliche und schwierige Situationen an, um im Opfer meine Berufung zu erkennen?

– Lasse ich mich in der Suche entmutigen? „Herr, du weißt, wie oft wir müde werden auf der Suche. Wenn wir an der Stelle der heidnischen Frau gewesen wären, dann wären wir vielleicht nach der ersten abschlägigen Antwort weggegangen und hätten gemeint, daß nicht einmal du uns verstehst. Gib uns die Gnade, daß wir uns selbst anklagen, wenn wir dein Herz nicht verstehen, wenn wir nicht den Glauben haben, um das Dunkel zu durchdringen, wenn wir nicht erkennen, daß du von uns verstanden werden willst."

– Womit könnte ich meinen Entschluß zu suchen zum Ausdruck bringen? Durch einen Verzicht, durch eine Geste der Güte oder des Verzeihens? Oder durch eine Tat der Gerechtigkeit zugunsten einer Angelegenheit, die wir verteidigen und unterstützen müssen?

Die Gottesmutter helfe uns bei dieser unablässigen Suche, denn einzig und allein daraus können wir erkennen, wozu wir berufen sind. Die Gottesmutter lasse uns verstehen, welchen Preis die Suche nach dem wahren Angesicht Gottes und dem des Menschen hat.

Die Stadt Gottes in der Stadt der Menschen

Giorgio La Pira

Giorgio La Pira wurde 1904 in der Provinz Ragusa im südlichen Sizilien geboren. Er war Dozent für Römisches Recht an der Universität Florenz und gründete 1938 die Zeitschrift *„Principi"* (Prinzipien), die bald von den Behörden wegen ihres offenen Bekenntnisses zum Antifaschismus verboten wurde. Gemeinsam mit anderen Politikern – unter ihnen Fanfani – rief er die Zeitschrift *„Cronache sociali"* (Nachrichten aus dem sozialen Leben) ins Leben, die zum Sprachrohr des linken Flügels der christdemokratischen Partei in der Ära De Gasperi wurde. La Pira gehörte zu den Vätern der Verfassung der italienischen Republik. Als Bürgermeister der Stadt Florenz gewann er die Hochachtung vieler, und er entwickelte weitreichende Initiativen für den Frieden und die Völkerverständigung.

Nach schwerer Krankheit starb er in Florenz am 5. November 1977. In seiner Ansprache zum Trauergottesdienst sagte Kardinal Benelli unter anderem: „Dieser Mann brachte immer und überall sein Lächeln und sein Vertrauen mit, und zwar mit einer solchen Natürlichkeit, daß es manchem wie Leichtfertigkeit anmutete. Es war aber die Frucht seiner innigen Beziehung zu Gott, im Gebet, in der Betrachtung, in völliger Armut, Ausdruck seines Lebens im Glauben, das sich in seinem Gesicht widerspiegelte. Dieser Mann hat sein schweres Leid getragen, das im übrigen unumgänglich ist für all jene, die sich ernsthaft auf Christus und auf die Wahrheit einlassen."

Aus dem Vorwort Giorgio La Piras zu einer Biographie Pier Giorgio Frassatis*

„Dieses Buch gibt einen Einblick in die tiefen religiösen, theologischen und inneren Beweggründe, auf denen das politische Handeln, das soziale Engagement des Pier Giorgio Frassati beruhte. Einem Leser, der auf die dem Christentum eigenen Impulse und seine Ausstrahlungskraft wenig Aufmerksamkeit lenkt, könnte dieses so bewußte Engagement für die Gesellschaft erscheinen wie ein Zeichen mangelnder Innerlichkeit oder fehlender Distanz – wie man sagt – zu den Dingen dieser Welt.

Was macht Pier Giorgio Frassati zu einem echten Vorbild des Lebens in der Gnade und der Reinheit? Gibt es eine Heiligkeit mitten unter tausenderlei Ablenkungen eines von der Politik geprägten Lebens? Wenn innere christliche Aufrichtigkeit in der Liebe ihren Ausdruck finden kann, (. . .) wie kann diese Aufrichtigkeit aussehen im Engagement für eine politische Partei, für die Presse und für die politische Propaganda? Gibt es in all dem nicht eine Schattenzone, die den Glanz der Gnade und den inneren Eifer abschirmt? Liegt darin nicht ein Hindernis für die freie Entfaltung des Lichts der Gnade und der Unschuld? Wird dabei nicht die Reinheit der Seele – die durchdrungen ist von Gott und seinen ewigen Werten – angetastet, das, worin das eigentliche Wesen der Heiligkeit liegt?

---

* Pier Giorgio Frassati gehörte zur katholischen Jugend in Turin am Anfang unseres Jahrhunderts. Nach einem kurzen, aber sehr intensiven Leben starb er im Alter von 24 Jahren an einer plötzlich aufgetretenen Kinderlähmung. Wegen des leuchtenden und leidenschaftlichen Zeugnisses seines Lebens als Christ wurde er für eine ganze Generation katholischer Jugendlicher zu einem Modell des engagierten Laien.

Gratia non destruit, sed perficit (Die Gnade zerstört nicht, sie vollendet): Die leuchtende Klarheit Thomas von Aquins spiegelt sich wider in dem ganzen Komplex der menschlichen Dinge: innere und aufbauende Werte der Person, Werte der Familie, der Arbeit und Ökonomie, der Technik, soziale Werte, Werte der Kultur, der Kunst, der Poesie. All diese Werte werden vom Christentum nicht verworfen als seiner Struktur fremde Elemente, sondern sie sind vielmehr in gewissem Sinne Bestandteil des Christentums selbst. Das Christentum ist ja letztlich ein Komplex von der Gnade geläuterter und durchdrungener Werte, die am Ende der Zeiten endgültig in die Herrlichkeit aufgenommen und vollendet werden.

Armut, Arbeitslosigkeit, Wohnungsnot und mangelnde soziale Fürsorge sind Realität. Wird die Liebe karitativer Organisationen da genügen? Gewiß ist sie der erste barmherzige und samaritanische Akt einer Wiedergutmachung, die jedoch noch mehr in die Tiefe eindringen muß: Es sind Probleme zu lösen, die Jahrhunderte des Denkens voraussetzen, Jahrhunderte des Kampfes, die Namen und Grunddaten der Geschichte der Christenheit in Erinnerung rufen. Und in dieser Geschichte muß man sich engagieren! Mit den Werkzeugen, die vorhanden sind, so ungeeignet und zwiespältig sie auch sein mögen: die Parteien, die Wahlversammlungen, die Wahlen selbst, die Presse usw.!

Gewiß sind es gefährliche Werkzeuge für das Leben des Geistes, und manchmal werden sie auch mißbraucht! Aber oft sind sie die einzigen Instrumente, die zur Verwirklichung eines Zieles zur Verfügung stehen: zur Beschaffung von Arbeit für den, der keine hat; Wohnung für den, der sie braucht; Fürsorge für den, der darauf angewiesen ist! Wie willst du in die gesellschaftlichen, politischen und wirtschaftlichen Strukturen des Staates die Ziele der Brüderlichkeit übertragen, die grundlegender Bestandteil des Christentums sind, wenn du diese Strukturen nicht kennst, wenn du sie nicht erneuerst, falls sie veraltet oder fehlerhaft sind? Wie kann das Christentum Sauerteig für die Welt sein, die Gesellschaft christlich prägen, wenn diese Strukturen deinem Wirkungsfeld und Handeln entzogen sind? Thomas von Aquin hat es mit großer Klarheit zum Ausdruck gebracht: Das politische Gefüge ist eine wahre Architektur des Gemeinwohls; es trägt – im irdischen Bereich – zum Aufbau des Gemeinwohls bei. Liberale, sozialistische, marxistische, christliche Architekturen: Wie viele Probleme stellen sich dem, der sich in diesem so umkämpften Bereich des politischen Lebens engagiert!

In diesen Rahmen muß man die Aktivitäten Pier Giorgio Frassatis stellen: Das politische Engagement seines jungen Lebens muß auf diesem Hintergrund betrachtet werden; es wird nur in diesem Zusammenhang verständlich. Es ist Frucht jenes *„levate oculos vestros et videte“* (erhebt eure Augen und seht), zu dem das Evangelium, mit sehr umsichtiger, aber zugleich zielstrebiger Liebe einlädt. In diesem Licht versteht man seinen Einsatz in der Partei, seine Berufswahl als Bergwerksingenieur; man versteht die verschiedenen Ausprägungen seines politischen und sozialen Anliegens als verschiedene Seiten eines einzigen Prismas. Und dieses Prisma besteht einzig und allein aus dem Bewußtsein seiner christlichen Sendung in der Welt.

So klärt sich die Frage, die wir am Anfang gestellt haben nach dem unüberbrückbaren Gegensatz zwischen dem inneren Leben der Gnade, des Gebets, der Einheit mit Gott und dem äußeren Engagement in den Strukturen des politischen Lebens, die leider sehr schnell veralten. Das

Problem darf man eigentlich nicht von diesem Gegensatz her angehen; man muß es vielmehr betrachten von seinem wirklichen religiösen, theologischen und metaphysischen Hintergrund her: in der Reinheit, in der übernatürlichen Klarheit eines inneren Bezugspunktes, auf den sich die äußeren Aktivitäten zurückführen lassen und von dem sie ausgehen.

Pier Giorgio Frassati starb kaum 24 Jahre alt: Der Herr hat ihn zu sich gerufen, in seine Nähe, ins Paradies, in die Gemeinschaft mit der Gottesmutter, mit den Engeln und Heiligen. Dieses junge Leben, dessen Licht, Ausrichtung und Orientierung Gott war, hat viele Menschen angeregt, über ihre Aufgabe in der Welt nachzudenken, über die Sendung, den Himmel auf die Erde zu bringen, das Licht in die Finsternis, die Gnade in die Natur, die Stadt Gottes in die Stadt des Menschen!“

Schriftlesung

„*Als er ins Boot stieg, bat ihn der Mann, der zuvor von den Dämonen besessen war, bei ihm bleiben zu dürfen. Aber Jesus erlaubte es ihm nicht, sondern sagte: Geh nach Hause, und berichte deiner Familie alles, was der Herr für dich getan und wie er Erbarmen mit dir gehabt hat. Da ging der Mann weg und verkündete in der ganzen Dekapolis, was Jesus für ihn getan hatte, und alle staunten*“ (Mk 5,18–20).

Giorgio La Pira und Pier Giorgio Frassati

Ich bin La Pira nur wenige Male begegnet, und zwar im Rahmen von Begegnungen mit der jüdischen Welt: Er hatte nämlich eine große Liebe zum palästinischen Volk, zur arabischen Welt, zum jüdischen Volk und zum Staat Israel. Wenn ich an ihn denke, erinnere ich mich vor allem an seine strahlenden Augen, an sein Lächeln, an seine Fähigkeit, Freude zu vermitteln und Frieden weiterzuschenken. Wenn ich mich der Worte bediene, die er in seiner Beschreibung Pier Giorgio Frassatis verwendet hat, könnte ich es *Reinheit* nennen, eine übernatürliche Klarheit, die einen *inneren Kern* erahnen ließ, in dem man etwas vom Göttlichen wahrnahm. Er soll die Gestalt sein, die uns hinführt zum Verständnis der Worte aus dem Markusevangelium. Pier Giorgio Frassati war bereits einige Jahre verstorben, als ich in Turin jenes Kolleg besuchte, in dem er als Schüler gewesen ist; aber man sprach noch von ihm. Es scheint mir sehr treffend, daß die beiden Gestalten durch das, was der eine über den anderen sagt, miteinander in Verbindung stehen. Denn sie haben eine gemeinsame Botschaft, die sie uns vermitteln, eine Botschaft, die nicht nur der Vergangenheit angehört. Denken wir an diese beiden Männer, als ob sie leben würden; sie haben in der heutigen Zeit aus der Kraft des österlichen Glaubens aktuelle und klar umrissene Aussagen über unsere Gesellschaft gemacht. Sie beten für uns, und mit uns beten sie die Eucharistie an. Bitten wir also diese Zeugen des Glaubens ihrer Zeit, die auch die unsere gewesen ist, sie mögen uns helfen, daß wir die richtige Haltung haben, damit die Eucharistie ihre Kraft erweise für unsere Berufung und für unsere Sendung in der Welt.

Aus dem Text nach Markus habe ich nur den Schluß des Berichts über die Heilung des Besessenen ausgewählt, weil er für unsere Betrachtung von besonderer Bedeutung ist.

Als Jesus wieder in das Boot stieg, bat ihn der geheilte Besessene, „bei ihm bleiben zu dürfen". Dieser Mann richtete also eine Bitte an Jesus, er möchte bei ihm sein. Im griechischen Originaltext stehen hier die gleichen Vokabeln, die Markus bereits in 3,14 verwendet hat, wo Jesus die Zwölf auswählt, damit sie „bei ihm seien". Der Ausdruck „bei ihm sein" ist eine Umschreibung für die Berufung zum Apostolat, Jesus auf seinem Weg begleiten, um dann von ihm ausgesandt zu werden: Es ist eine Umschreibung für die Berufung der Zwölf, jener, die fortdauernd an der Sendung des Meisters teilhaben und mit ihm sind bei der Gründung der Kirche: die Apostel.

Der geheilte Mann bittet also darum, zu dieser Gruppe gehören zu dürfen, und er erhält eine harte Absage. Die Worte Jesu lassen uns an andere harte Antworten denken, beispielsweise jene an die Kananäerin. Der Evangelist Markus sagt: „Jesus erlaubte ihm nicht", bei ihm zu bleiben, das heißt, zu jenen zu gehören, die alles verlassen hatten und ihm auf seinem Weg durch Palästina folgten. Die Härte der Antwort tritt noch deutlicher zu Tage, wenn wir sie mit 5,37 vergleichen, als Jesus in das Haus des Jairus eintritt, dessen Tochter gestorben war: „Er ließ keinen mitkommen außer Petrus, Jakobus und Johannes." Vielleicht waren da viele Leute, die eintreten wollten, etwa aus Neugierde, aber Jesus zieht diese Trennlinie: diese drei ja, die anderen nein.

Das gleiche Verb, das Markus in Vers 37 und für den

Besessenen von Gerasa verwendet, findet sich in Mk 1,34: Jesus „verbot den Dämonen zu reden; denn sie wußten, wer er war". Jesus zieht klare Grenzen: Das ist nicht für dich, es ist nicht deine Berufung. Es ist also ein abschlägiger Bescheid an Menschen, die eine Berufung zu haben glauben. Wir können uns die Enttäuschung dieses Mannes vorstellen, der voller Dankbarkeit über die Heilung alles verlassen und Jesus folgen möchte, um ein Apostel zu werden, ein Gesandter in die ganze Welt. Wir müssen jedoch aufmerksam auf die Worte hören, die dieser Absage folgen: „Jesus sagte: Geh nach Hause, und berichte deiner Familie alles, was der Herr für dich getan und wie er Erbarmen mit dir gehabt hat. Da ging der Mann weg und verkündete in der ganzen Dekapolis, was Jesus für ihn getan hatte, und alle staunten." In diesen Worten wird die Berufung eines Menschen umschrieben, der zwar nicht die gleiche Berufung hat wie die Zwölf, aber berufen ist zur echten Nachfolge Jesu in der künftigen Kirche. Der Evangelist braucht dafür eine ganz klare Sprache: „Geh!" Das ist in gewissem Sinn eine missionarische Sendung, der Auftrag zu einer Mission.

Worin besteht diese Mission? *„Berichte"* und das nächste Verb umschreiben das, was er tun soll: *„Verkünden!"* – Berichten und verkünden. Das sind charakterisierende Worte für die evangelisierende Tätigkeit der Kirche. Ohne Missionar zu sein, ohne die Aufforderung – so könnten wir heute sagen – zu einer Berufung der Ganzhingabe (das heißt das Elternhaus, die Familie, den Beruf aufgeben), empfängt dieser Mann einen echten und eigentlichen Auftrag zur Evangelisierung. Das Geheimnis des Glaubens wird auch in seinen Mund gelegt: Berichte, verkündige! – Was? „Was der Herr für dich getan und wie er Erbarmen mit dir gehabt hat." Die Verkündigung steht in engem Zusammenhang mit seiner Person; er verkündet mit der Neuigkeit seines Lebens, mit seinem Verändertsein. Er verkündet, daß seine vorhergehende Unfähigkeit, sich mitzuteilen, zu arbeiten, sich nützlich zu machen, jetzt zur neuen Fähigkeit geworden ist, eben das zu tun.

Es gibt einen weiteren entscheidenden Aspekt, der charakteristisch ist, wenn man die Bedeutung einer solchen Berufung verstehen will: „Geh nach Hause, zu den Deinen!" Der Evangelist fügt hinzu: „Er verkündete in der ganzen Dekapolis." Für den Auftrag, der ihm zuteil wurde, braucht er nicht alles zu verlassen wie Petrus, Jakobus und die anderen Apostel: Er wird in sein Haus, zu den Seinen entsandt. In seine eigene Umgebung, in seinen Lebensbereich, in seine Arbeitswelt, in seine Gesellschaft und in seine Stadt, in die heidnisch geprägte Dekapolis wird der Mann aus Gerasa entsandt, um die Barmherzigkeit Gottes zu verkünden.

Die Berufung des Laien

Wir haben damit einige Merkmale dessen umschrieben, was wir als die Berufung des Laien bezeichnen können. Es gibt in der Heilsgeschichte Berufungen, die nicht identisch sind mit der Berufung der Zwölf, mit den künftigen Berufungen zum kirchlichen Amt, zum Priestertum und zum Ordensleben. Es gibt Berufungen, die zum Ausdruck kommen im eigenen Haus, in der eigenen Umgebung, in der Arbeit, als eine wahre Antwort auf einen Auftrag Jesu, als wahre Verkündigung des Reiches Gottes.

Das ist die Berufung des Laien in der Kirche, die an

Giorgio La Pira und Pier Giorgio Frassati ergangen ist und von ihnen gelebt wurde: In ihrem Wirkungsfeld wurden sie zum Zeichen der Barmherzigkeit Gottes. Die Berufung des Laien im eigentlichen Sinn ist nicht einfach eine Aufgabe, sondern ein echter Weg zur Heiligkeit, der in der Geschichte bedeutende Persönlichkeiten hervorgebracht hat, Menschen von hohem moralischem, sozialem, theologischem und übernatürlichem Rang.

So erklären wir uns die Faszination eines La Pira und eines Pier Giorgio Frassati; sie sind dank der Gnade Gottes Vorbilder und Vorkämpfer vieler Menschen. Viele andere könnten wir ebenso nennen, Verstorbene, die wir persönlich gekannt haben, als sie noch lebten, und Lebende, die fähig sind, die Kraft des Reiches Gottes in allen Bereichen des menschlichen Handelns zum Ausdruck zu bringen.

Der Text von La Pira geht aus von der tiefen Erkenntnis, daß jeder Getaufte Anteil hat an einem Ruf Gottes. Auch wenn das nicht gleichzusetzen ist mit einer Berufung, Jesus in einer vollkommenen Hingabe zu folgen, indem man Elternhaus und Arbeit verläßt, sind das wahre Wege zur Heiligkeit, notwendige Wege, damit die Kraft des Taufsakraments sich in wirksamer Weise entfalten kann.

Fragen an uns

Auch wir gehören zu diesen Zeugen Christi, zu den Zeugen der Kraft der Barmherzigkeit Gottes. Doch muß jeder auf seine eigene Berufung hören und sich fragen: Wie kann ich in die gesellschaftlichen, politischen und wirtschaftlichen Strukturen des Staates die Ziele der Brüderlichkeit übertragen? Ich muß diese Strukturen kennen, um sie erneuern zu können, falls sie veraltet oder fehlerhaft sind. Wie kann das Christentum Sauerteig für die Welt sein – und so eine Gesellschaft christlich prägen –, wenn diese Strukturen außerhalb meines Engagements liegen?

Ausgehend von dieser Grundfrage stellen wir uns drei weitere Fragen:

– Wie habe ich bisher über diesen Aspekt gedacht? Welche Mentalität, welche Denkweise habe ich in dieser Hinsicht?

– Wie habe ich mich in der Praxis gegenüber diesen Fragen verhalten?

– Was sagt mir Jesus, wenn ich ihn anbete, in seinem eucharistischen Geheimnis? Er will ja nicht nur mein Leben an sich ziehen, sondern das aller Menschen der Welt.

Bitten wir die Gottesmutter, die Giorgio La Pira und Pier Giorgio Frassati so sehr verehrt haben, sie möge uns helfen, das Wort zu verstehen, das Jesus uns sagen will. Sie möge uns befähigen, auf seinen Ruf zu hören, ganz gleich wie er aussehen mag, damit unsere Antwort zum Segen werden kann für viele unserer Brüder.

Berufen zur Einheit in Christus

CHRISTINA UND ROBERT

ZEUGNIS EINES VERLOBTENPAARES

„Wir möchten in aller Einfachheit unsere Erfahrung weitergeben. Wir fühlen uns berufen zur Ehe als zu einer besonderen Form jener ursprünglichen Berufung im Sakrament der Taufe, durch die wir Kinder Gottes werden.

Die *erste Überraschung* war für uns die Dynamik dieser Berufung. Wir erlebten sie nie als eine Beziehung vom Herrn zum Knecht, vom Vorgesetzten zum Untergebenen. Gott ruft, aber er schreit nicht, er befiehlt nicht.

Wir haben in dieser Berufung ganz und gar seine Initiative gespürt und gleichzeitig – in einer Weise, die wir nicht in Worte fassen können – unsere volle Freiheit: seine Führung und auch unsere Entscheidung.

Wenn wir zurückblicken auf die Geschichte, wie wir uns kennenlernten, dann scheint es uns einerseits wie ein Wunder, etwas, das von Gott geplant und gewollt war, und andererseits als eine freie Anziehung, eine nicht geleitete Wahl, ein individueller und spontaner Entschluß. In der Berufung – nach unserer Meinung in jeder Berufung – bringt die Weisheit Gottes auf geheimnisvolle Weise seinen Willen in Einklang mit unserer Freiheit.

Die *zweite Überraschung* bestand darin, daß unsere Antwort sich nicht darin ausdrückte, daß wir etwas *taten.* Es war im Grunde ein Ruf Gottes, jemand zu *sein:* denn Gott ist kein ‚Arbeitgeber'. Im übrigen können wir, um ein Beispiel aus dem Evangelium zu nehmen, an die Geschichte von Zacchäus denken. Nachdem er dem Herrn begegnet und ein ‚neuer Mensch' geworden war, brauchte er nicht mehr viel darüber nachzudenken, was er zu tun hatte. Zacchäus konnte nicht mehr anders, als jenes neue Geschöpf sein, das er geworden war. Weil sich sein Leben geändert hatte, vollbrachte er große Werke.

Was sollen wir beide sein? Diese Frage haben wir uns oft gestellt. Wir sollen Liebe sein, oder besser: ‚im' Herrn sein, das heißt ‚mit' dem Herrn – sollte unser Leben die Liebe zu den Menschen ausstrahlen, Gott, der selbst Liebe ist. Unsere gegenseitige Liebe – und sie ist gewiß nicht etwas, das man *machen* kann – darf und muß zu einer Ausstrahlung Gottes für die Welt werden. Ein uns befreundeter Priester drückte diesen Gedanken einmal so aus: ‚Gott hat kein schöneres Zeichen gefunden, um sich dem Menschen mitzuteilen, als die Liebe zwischen Mann und Frau.'

Das ist das Talent, das wir bekommen haben und das wir vor allem anderen einsetzen müssen. Die Ehe nimmt in der Kirche eine besondere und unersetzbare Stellung ein. Sie vollzieht sich, wenn die Partner eins werden in Christus durch den Geist der Liebe. Es ist derselbe Geist, der Vater und Sohn vereint und der die göttlichen Personen mit der Kirche verbindet. Die Ehepartner haben Anteil an diesem großen Geheimnis der Liebe.

Eines wurde uns sehr bald klar (während wir andere Dinge erst allmählich entdeckten): Eine solche Berufung läßt sich nicht improvisieren. Ihr müssen wir unsere besten Kräfte widmen, oder genauer gesagt: unser ganzes Leben. Wir müssen uns Zeit lassen, damit wir zu einer ‚neuen Person' werden und nicht nur zur Summe von zwei Menschen. Wir spüren die Notwendigkeit, das geistliche Leben zu entwickeln, das heißt, einen Lebensstil zu entfalten, der Ausdruck unseres gemeinsamen Weges ist. Wir beschäftigen uns mit dem Wort Gottes und mit der Frage nach dem Gebet und ihrem Einfluß auf unsere Zuneigung und Sexualität. Das führte uns zu einer Entscheidung für die Armut und schließlich für unseren Stand als Laien in der Kirche, als Weggefährten der Menschen.

In Kürze werden wir heiraten. Deshalb können wir noch nicht über die Ehe als solche sprechen, aber wir glauben, daß unsere Ehe die Früchte des Verlobtseins hervorbringt. Obwohl wir wissen, daß wir in eine neue und ganz andere Wirklichkeit eintreten, obwohl wir schon jetzt Pläne schmieden für unsere künftige Familie – Offenheit, Gastfreundschaft, Mäßigkeit im Konsum und im Umgang mit dem Geld, Annehmen der Kinder, die wir uns wünschen, unsere Aufgabe als Laien – trotz alledem glauben wir nur die eine Aussage über unsere Ehe machen zu können, daß sie sich aus unserer Verlobungszeit fortentwickelt und den gemeinsamen Weg zu Ende führt.

Wir wollten unsere Erfahrung weitergeben, unser Bemühen, im Einklang mit dem Evangelium zu leben, um Zeugnis abzulegen für unseren Glauben: Wenn die Ehe von Grund auf im und mit dem Herrn gelebt wird, dann ist sie ein Weg zur Heiligkeit, dann wird sie notwendigerweise schöpferisch und hat den Menschen, unseren Brüdern, wirklich viel zu sagen. – Auch dafür wollen wir Gott danken."

Schriftlesung

„Am dritten Tag fand in Kana in Galiläa eine Hochzeit statt, und die Mutter Jesu war dabei. Auch Jesus und seine Jünger waren zur Hochzeit eingeladen. Als der Wein ausging, sagte die Mutter Jesu zu ihm: Sie haben keinen Wein mehr. Jesus erwiderte ihr: Was willst du von mir, Frau? Meine Stunde ist noch nicht gekommen. Seine Mutter sagte zu den Dienern: Was er euch sagt, das tut! Es standen dort sechs steinerne Wasserkrüge, wie es der Reinigungsvorschrift der Juden entsprach; jeder faßte ungefähr hundert Liter. Jesus sagte zu den Dienern: Füllt die Krüge mit Wasser! Und sie füllten sie bis zum Rand. Er sagte zu ihnen: Schöpft jetzt und bringt es dem, der für das Festmahl verantwortlich ist. Sie brachten es ihm. Er kostete das Wasser, das zu Wein geworden war. Er wußte nicht, woher der Wein kam, die Diener aber, die das Wasser geschöpft hatten, wußten es. Da ließ er den Bräutigam rufen und sagte zu ihm: Jeder setzt zuerst den guten Wein vor und erst, wenn die Gäste zuviel getrunken haben, den weniger guten. Du jedoch hast den guten Wein bis jetzt zurückgehalten. – So tat Jesus sein erstes Zeichen, in Kana, in Galiläa, und offenbarte seine Herrlichkeit, und seine Jünger glaubten an ihn“ (Joh 2,1–11).

Bei den verschiedenen Arten von Berufungen, die wir im Lichte des Evangeliums reflektiert haben, stellten wir fest, daß unter Berufung nicht nur der Ruf Gottes zu besonderen Lebensständen zu verstehen ist. Wir haben nachgedacht über die Berufung, das eigene Leben für den Bruder hinzugeben *(Maximilian Kolbe)*; über die Berufung zum kontemplativen Leben, durchlitten in der dunklen Nacht

(Therese von Lisieux); über die Berufung, allen Menschen Bruder zu sein *(Charles de Foucauld)*; über die Berufung zur unermüdlichen und leidenschaftlichen Suche nach der Wahrheit, auch wenn diese Wahrheit nur annähernd berührt wurde *(Simone Weil)*; über die Berufung des Laien in der Welt *(Giorgio La Pira)*. Unsere Betrachtungen konzentrierten sich bisher jedoch auf Berufungen von einzelnen Menschen. Hier ist nun die Rede von einer Berufung zu zweit, da, wo zwei Menschen sagen können: Dies ist *unsere* Berufung, die meine und die deine gemeinsam. Es ist die Berufung zur Ehe, Sinnbild jeder Berufung zu einem Leben in der Gemeinschaft. Letztlich Sinnbild der Kirche, der Menschheit, die berufen ist, eins in Christus zu sein, Sinnbild aller Männer und Frauen, die berufen sind, eins zu sein. Im Geheimnis von zwei Menschen – Mann und Frau, die eine Einheit bilden – kommt also das Geheimnis der Berufung der Kirche und der Menschheit zum Ausdruck.

In der Heiligen Schrift ist öfters die Rede von diesem Geheimnis, gleichwenn es dort häufig in der Form von Parabeln, Gleichnissen oder Sinnbildern geschieht. Man könnte dazu einige Stellen aus dem Alten Testament heranziehen, wo Geschichten von Verlobten berichtet werden, das heißt die Suche zweier Menschen nach ihrer gemeinsamen Berufung. Ich denke zum Beispiel an die Erzählungen von Isaak und Sara, von Jakob und Rebekka im Buch Genesis, ich denke an das Buch Tobit, an das Buch Rut oder an das Hohelied: Sie könnten uns zur Betrachtung dienen über die Berufung zu zweit, mit allen Ereignissen, die vorausgehen, die Schwierigkeiten bereiten, mit all ihrer Dynamik, ihrer Begeisterung, ihrer wunderbaren Schönheit, kurz: mit all dem, was sie aufbaut und was sie beeinträchtigt.

Die Hochzeit von Kana

Wir nehmen eine Episode aus dem Neuen Testament, aus dem zweiten Kapitel des Johannesevangeliums: das Wunder von Kana. Offensichtlich scheint die Hochzeit nur den Hintergrund für das eigentliche Geschehen zu bilden. Es wird berichtet von einer Hochzeit, aber wir sehen nicht die Gesichter der Brautleute, wir erfahren nicht ihre Namen. Nur am Schluß wird der Bräutigam erwähnt; und er wird dargestellt wie ein Ahnungsloser, wie ein Unwissender, der eine Situation in ihrer Tragweite nicht richtig durchschaut.

Dieser Abschnitt des Johannesevangeliums (wie alle anderen Texte dieses Evangelisten) verbirgt einen tiefen und reichen Gehalt. Um das zu verstehen, müssen wir ein wenig über die dort berichteten Ereignisse hinausblicken und uns auf das beschränken, was unser Thema betrifft.

Bitten wir darum die Gottesmutter, die eine zentrale Rolle in diesem Geschehen einnimmt: „Maria, Mutter Jesu, laß uns das Geheimnis der Berufung zur Liebe verstehen, das sich in seiner lebendigen Kraft zwischen den Zeilen dieses Abschnitts aus dem Evangelium verbirgt. Gib, daß wir die Bedeutung der Worte verstehen können, die da gesprochen wurden, ohne sie zu entkräften und ohne sie überzubewerten; hilf uns, daß wir uns an ihrer Wahrhaftigkeit erfreuen." – Ich möchte vor allem auf drei Sätze aus dieser Erzählung hinweisen:

– am Anfang: „Am dritten Tag fand in Kana in Galiläa eine Hochzeit statt, und die Mutter Jesu war dabei."

– in der Mitte, von Maria gesprochen: „Sie haben keinen Wein mehr."

– den Schlußsatz: „In Kana offenbarte Jesus seine Herrlichkeit" (durch dieses Wunder bei der Hochzeit).

Beginnen wir mit den Anfangsworten, mit dem Geheimnis des dritten Tages. Johannes, der seine Wortwahl nie dem Zufall überläßt, führt die Episode, die eine Reihe von Wundern Jesu und die Offenbarung seiner Herrlichkeit eröffnet, ein mit der Zeitangabe „am dritten Tag".

Das vierte Evangelium beginnt mit der Beschreibung einer ereignisreichen Woche, die sich sozusagen Tag für Tag abspielt, bis zum letzten Tag. Im ersten Kapitel bis Vers 25 finden wir den *ersten* Tag, jenen Tag, an dem Johannes der Täufer die Gegenwart eines anderen ankündigt, der größer ist als er. – „Am Tag darauf", sagt der Evangelist (Vers 29), tritt Jesus selbst auf und wird das Lamm Gottes genannt. – Wieder einen Tag später (Vers 35), am *dritten* Tag, begegnet er zweien seiner Jünger und sagt ihnen: „Kommt und seht", und die Jünger „bleiben jenen Tag bei ihm; es war um die zehnte Stunde." – Schließlich (Vers 43) der *vierte* Tag: Jesus will nach Galiläa aufbrechen und begegnet Philippus und Natanael. An dieser Stelle sagt der Evangelist: „Am dritten Tag fand in Kana in Galiläa eine Hochzeit statt." Wenn wir berücksichtigen, daß die biblische Aussage „der dritte Tag" meint: „zwei Tage später", und wenn wir in unserer Berechnung den ersten Tag als einen der drei mitzählen, dann findet die Episode von Kana am *sechsten* Tag der Woche statt, das heißt an dem *Tag der Erschaffung von Mann und Frau.*

Johannes beginnt wie das Buch Genesis: „Am Anfang . . .", und er stellt uns eine ganze Woche von Ereignissen vor Augen. Am sechsten Tag offenbart Jesus seine Herrlichkeit im Geheimnis eines Mannes und einer Frau, die in ihrem Leben eine Einheit bilden.

Man kann sagen, daß der Evangelist eine chronologische Woche aufbaut, die der Woche am Anfang der Schöpfung entspricht. Johannes hat die Absicht, die Episode von Kana mit dem Tag zusammenfallen zu lassen, an dem Gott den Mann nach seinem Ebenbild und Gleichnis schuf und die Frau, damit sie ihm Gefährtin sei.

Durch diese Symbolik der Zeit unterstreicht der Evangelist, daß das, was Jesus an diesem Tag tun wird, die Fortführung und der Gipfel des schöpferischen Wirkens Gottes am Menschen ist. (Auch wenn das Wirken Jesu von der Feststellung eines Mißstandes ausgeht, der den Mann, die Frau und ihre Einheit betrifft: „Sie haben keinen Wein mehr!") Das ganze vierte Evangelium arbeitet die Gemeinsamkeiten heraus, die es in der Heilsgeschichte gibt. Auch am Schluß seines Evangeliums beschreibt Johannes eine weitere Periode von sechs Tagen: Der Tod Jesu am Kreuz, unter dem Maria steht, wird am sechsten Tag sein. Da wird Jesus den Menschen – Johannes – in seiner Fülle wiederherstellen. Die Herrlichkeit Gottes, die begonnen hat sich zu offenbaren beim ersten Wunder in Kana, wird am Kreuz in ihrer Fülle deutlich. Im Kreuz bricht die Herrlichkeit auf, es wird bereits die Liebe sichtbar, mit der Gott der menschlichen Situation gegenübertritt. Er wird die innerste Not des Menschen aufgreifen und ihn zu seiner Fülle und zu seiner ursprünglichen Freude zurückführen.

Die Unfähigkeit zu lieben

Was kann in diesem Zusammenhang das Wort Marias bedeuten: „Sie haben keinen Wein mehr"? In den Evangelien gibt es ähnliche Worte. Ich denke beispielsweise an den

Ausruf: „Gebt uns von eurem Öl, sonst gehen unsere Lampen aus“ (Mt 25,8). Auch hier kommt es bei einer Hochzeitsfeier zu einem Engpaß. Ähnlich klingt auch die Frage der Jünger in der Wüste: „Wo sollen wir Brot kaufen, damit diese Leute zu essen haben?“ (Joh 6,5).

Es sind Anlässe, in denen der Mensch in Not geraten ist, Mißstände werden deutlich, die ganz im Gegensatz stehen zur Atmosphäre des Festes, der Freude, der Erwartung, zu den Hoffnungen einer ungetrübten Liebe. Dort, wo man sich erwarten würde, daß die Fülle der Liebe, die Freude eines Hochzeitsfestes, das Beisammensein im Hören auf das Wort Gottes, ein volles Glück ohne Ende hervorbringen, da gerät unvorhergesehen die menschliche Vorsorge in Bedrängnis: Die Vorräte sind ausgegangen, man hat sich nicht genügend vorbereitet; eine Verlegenheit kommt auf, die zur Falle wird: Die Brautleute sind in einer Situation der Ohnmacht; sie wissen nicht mehr, was sie tun sollen. Das Hochzeitsfest droht zu einer großen Enttäuschung zu werden, zu einem Alptraum, der für immer auf diesem Paar lasten würde. Sie wären wie vom Schicksal verfolgt, da sie es von Anfang an nicht verstanden haben, vernünftig zu haushalten.

Auf diesem Hintergrund bekommt die Aussage: „Sie haben keinen Wein mehr“ eine tiefere Dimension. Mann und Frau, die geschaffen sind, um gemeinsam die vollkommene Einheit zu verwirklichen, habe nicht genug Wein für den sechsten Tag, für jenen Tag, an dem Mann und Frau am Werk sind, für jenen Tag der Gründung der Familie, der Arbeit, des Aufbaus der Stadt, der dem siebten Tag, dem Tag der Ruhe, vorausgeht.

Der Mann und die Frau erleben eine Ausweglosigkeit: Alles war gegründet auf dem gegenseitigen Verstehen, auf dem Ruf Gottes, eins zu sein, und dieser Berufung stehen nun mangelnde Vorsicht, unvorhergesehene Umstände, Notlagen aller Art im Wege. Mann und Frau fühlen sich zur Liebe berufen, spüren, daß es eine Berufung ist, ohne die sie nicht leben können, und trotzdem erfahren sie ihre Unfähigkeit zu *lieben.* Sicher wird man nicht immer den Mut aufbringen, dieses Wort auszusprechen, es ist zu hart und zu radikal: Man wird sich viel eher die Mißverständnisse, die Zweideutigkeiten, die Nervosität, die Widerstände, die Mühen, das Einerlei des alltäglichen Lebens, die Charakterunterschiede zum Vorwurf machen. Nur selten wird man zur eigentlichen Grundfrage vordringen: „Bin ich wirklich fähig zu lieben?" Da berührt man die Wurzel menschlicher Existenz: Der Mensch, jeder von uns, ist zur Liebe gerufen, aber sind wir fähig, wahrhaft zu lieben? Haben wir genug Reserven an Liebe, an Geduld oder haben wir Mangel an „Wein", an „Öl" und an „Brot"? Wird unser Vorrat ausreichen für ein ganzes Leben? Wie oft werden wir klagen: „Ich kann nicht mehr; meine Lampe erlischt." Und das gilt für jede Berufung, die eine Entscheidung für die Einheit mit sich bringt, eine Entscheidung für ein beständiges und aufopferndes Dienen. Vielleicht haben wir dann in der Nähe eine Person wie Maria, die das versteht und ausspricht, wenn wir es nicht mehr schaffen: „Sie haben keinen Wein mehr."

Die verwandelnde Kraft der Eucharistie

Der Schlußsatz: „Dort offenbarte Jesus seine Herrlichkeit" übermittelt uns die *Botschaft,* den Kern dieses Abschnitts aus dem Evangelium, der uns zu einer Grundfrage des

Menschseins geführt hat, zu einer Situation, die häufig vorkommt und weitreichende Folgen hat. Eucharistie heißt Verwandlung des Wassers in Wein, der menschlichen Unzulänglichkeit in Stärke und Fülle. Sie ist die Gabe des Heiligen Geistes, der uns allein die Gewißheit geben kann, daß wir fähig sind zu lieben. Die Eucharistie ist die Kraft, die jede Ausdrucksform der Liebe nährt und Einheit stiftet: in der Verlobungszeit, im Leben der Ehe, in der Gemeinschaft, in der Kirche und in der Gesellschaft. Die Eucharistie ist die Offenbarung der allmächtigen Herrlichkeit Gottes.

Der Mensch, der keinen Wein mehr hat – vielleicht nur noch Reste an geschmacklosem und fadem Wasser –, braucht einen neuen Geist, der sein Herz und sein Denken verwandelt. Nur auf diese Weise kann er eine Liebe finden, die nicht nur aus Begeisterung, Plänen und Anfangserfahrungen besteht, sondern die zur tragenden Kraft seines Lebens wird. Darum rücken wir am Schluß unserer Betrachtungen Jesus in der Eucharistie wieder in den Vordergrund als jenen Jesus, der am Kreuz alles zu sich zieht, der dem Mann, der Frau und der Menschheit die Kraft verleiht, sie selbst zu sein.

Wir können beten mit den Worten: „Wir danken dir, Herr, daß wir sein können, die wir sind in der Wahrheit unserer Berufung, die du uns ständig neu schenkst durch die Kraft deiner Eucharistie, damit wir aufrichtig Antwort geben können auf das, wozu du uns rufst."

Fragen an uns

– Wie haben wir Jesus in der Eucharistie erfahren?

– Wie kann ich dazu beitragen, daß auch die Menschen, denen ich begegne, die Kraft der Eucharistie kennenlernen und erfahren?

– Wie kann ich die nächsten Monate nutzen, um mir Zeiten der Stille und der Anbetung zu schaffen?

– Wie kann ich zur Frucht reifen lassen, was Gott durch seine Worte in mich gesät hat?

Inhalt

Vorwort 5

Einführung 7
Berufen zur Liebe bis zur Hingabe des Lebens
– Maximilian Kolbe 16
Im Dunkel des Glaubens – Therese von Lisieux 29
Der Glaube wird Liebe – Charles de Foucauld 41
Das Warten auf Gott – Simone Weil 54
Die Stadt Gottes in der Stadt des Menschen
– Giorgio La Pira 67
Berufen zur Einheit in Christus
– Robert und Christina 78

In der gleichen Reihe sind erschienen:

Bereits in der 2. Auflage!
Carlo Maria Martini
WIE LERNE ICH BETEN?
Anregungen und Beispiele aus dem Lukasevangelium
96 Seiten, kartoniert
ISBN3-87996-150-6

„Der Erzbischof von Mailand, Kardinal Martini, wurde von den Jugendlichen seiner Erzdiözese angefragt, er solle ihnen doch Anregungen geben, wie man heute beten kann. Was in vielen persönliche Gesprächen begann, findet nun seinen Niederschlag in diesem Buch. Das Hauptanliegen des Erzbischofs und früheren Leiters des päpstlichen Bibelinstituts in Rom ist das Beten als persönliches Sprechen mit Gott, ausgehend von Worten des Evangeliums."

Unterwegs

Klaus Hemmerle (Hrsg.)
SAG MIR, WAS DU GLAUBST
Betrachtungen von zwölf Bischöfen über das Glaubensbekenntnis
96 Seiten, kartoniert
ISBN 3-87996-128-X
„Wer Kirche nicht nur als seine eigene geistliche Behausung, sondern als Weltkirche versteht, findet in diesem Buch starke Beispiele dafür."

LR-Literaturreport

Albert-Marie Besnard
ICH WILL MIT DIR GEHEN
Gespräche mit suchenden Menschen
96 Seiten, kartoniert
ISBN 3-87996-098-4

„Das Buch gründet auf einer langen seelsorgerischen und publizistischen Erfahrung des Autors und ist gedacht für alle, denen die Frage nach Gott keine Ruhe läßt. Originelle Vergleiche und Gedanken sowie ein ausgezeichneter Sprachstil machen dieses Büchlein zu einer ansprechenden Lektüre."

Fuldaer Zeitung

VERLAG NEUE STADT MÜNCHEN · ZÜRICH · WIEN

Bernhard Häring
IHR SEID DAS SALZ DIESER ERDE
Gedanken über die Berufung der Christen zur Heiligkeit
144 Seiten, kartoniert
ISBN 3-87996-137-9

„Der bekannte Redemptorist und Theologe Bernhard Häring rückt das Wesentliche der Berufung zur Heiligkeit in den Vordergrund. Ein Wegweiser für ein christliches Leben ohne Abstriche."

Glauben heute

Bernhard Häring
DIE WELT BRAUCHT HEILIGE
Der Christ in der Gesellschaft
152 Seiten, kartoniert
ISBN 3-87996-154-9

„Das einfach geschriebene Buch des bekannten Theologen versucht dem einzelnen praxisnahe Ratschläge für ein gelebtes Christentum zu geben und ihm seine sozialen und politischen Aufgaben in unserer Zeit nahezubringen. Der Autor nimmt engagiert Stellung und rollt so Stück für Stück ein Idealbild christlichen sozialen Verhaltens auf."

Freiburger Nachrichten

Paul Schruers
KLEINE GLAUBENSSCHULE FÜR JUNGE LEUTE
152 Seiten, kartoniert
ISBN 3-87996-129-8

„Man spürt beim Lesen dieser Schrift den leidenschaftlichen Seelsorger. Seine Erfahrungen und sein Wissen hat er in dieses Buch eingebracht. Es vermittelt durch seine methodische Gliederung eine Menge Gedanken. Es ist so einmal ein wertvolles Arbeitsbuch für Seelsorger, Eltern und Erzieher und Sozialarbeiter und zum anderen den Suchenden eine echte Hilfestellung."

Auftrag

VERLAG NEUE STADT MÜNCHEN · ZÜRICH · WIEN

Chiara Lubich
DER WILLE GOTTES
Betrachtungen über das Ja des Menschen zu seinem Schöpfer
96 Seiten, kartoniert
ISBN 3-87996-125-5

„Häufig wird der Begriff Wille Gottes in Verbindung gebracht mit einer resignierenden Hinnahme von Schicksalsschlägen. Mit großer Entschiedenheit zeigt Chiara Lubich, daß das aufrichtige Ja zu Gott, zu seinem Willen, ein revolutionärer Weg ist, der in den Kern der christlichen Botschaft, zu einer echten Erfüllung und Freude führt."

Liboriusblatt

Julius Angerhausen
JEDER AUGENBLICK IST KOSTBAR
Die Zeit des Lebens richtig nutzen
88 Seiten, kartoniert
ISBN 3-87996-136-0

„Was der Essener Weihbischof Julius Angerhausen in diesem Büchlein zusammengetragen hat, ist eine Hinführung zum bewußten Leben des Augenblicks. Im Jetzt wird die Ewigkeit lebendig, jede noch so kleine Handlung erhält einen Wert, der sie über die Zeit hinausträgt. Viele große Gestalten des Glaubens und Meister des inneren Lebens haben aus dieser Weisheit geschöpft und kommen zu Wort."

Innsbrucker Kirchenzeitung

Chiara Lubich
WORTE, DIE DAS LEBEN VERÄNDERN
Gedanken zu Worten der Heiligen Schrift
Bd. 1 und 2, je 96 Seiten, kartoniert
ISBN 3-87996-106-9/119-0

„Durchdrungen von einer tiefen persönlichen Erfahrung der alles belebenden und verändernden Kraft der Worte Gottes fordern diese Meditationen auf zum Nachdenken und geben Impulse zum Handeln."

Deutsche Tagespost

Wilfried Hagemann
FREUNDSCHAFT MIT CHRISTUS
Hinführung zu einem bewußten Leben mit Jesus Christus
112 Seiten, kartoniert
ISBN 3-87996-097-6

„Ein Buch, entstanden aus vielen Gesprächen mit jungen Menschen und der eigenen Erfahrung mit der Not und Freude des Glaubens. So kann es Hilfe sein, Gottes Nähe neu zu erfahren und wider alle Resignation Gottes Liebe an andere weiterzuschenken."

Das Zeichen

Chiara Lubich
IN BROT UND WEIN
Die Eucharistie – Sakrament der Gemeinschaft
Meditationen
88 Seiten, kartoniert
ISBN 3-87996-093-3

„Die Ausführungen von Chiara Lubich sind mehr als bloß Reflexion, sie sind Erfahrung aus einem gemeinschaftlich gelebten Christentum. Dort liegt der Schlüssel für einen ursprünglichen Zugang zu diesem Geheimnis, das in unserer Zeit der Ökumene besondere Aktualität besitzt."

Westricher Anzeiger

Bereits in der 12. Auflage!
Chiara Lubich
BIS WIR ALLE EINS SEIN WERDEN
Meditationen
136 Seiten, kartoniert
ISBN 3-87996-086-0

„Die Betrachtungen dieses Buches sind nicht erdacht. Sie sind aus dem Leben, aus einem wahrhaft neuen und überaus schönen Leben der Einheit mit Gott und den Menschen entstanden und wollen helfen, Gott zu lieben, das Herz weitzumachen, um in jedem Bruder Christus zu begegnen."

Kontinente

VERLAG NEUE STADT MÜNCHEN · ZÜRICH · WIEN